The Little Book That Beats the Market
by Joel Greenblatt

株デビューする前に知っておくべき「魔法の公式」

ハラハラドキドキが嫌いな小心者のための投資入門

JN279168

ジョエル・グリーンブラット【著】
藤原玄【訳】

Pan Rolling

訳者まえがき

本書は、ジョエル・グリーンブラットの『The Little Book That Beats the Market』の翻訳である。筆者は一九八五年、ジャンクボンドの帝王マイケル・ミルケンをはじめとする投資家から集めた七〇〇万ドルを元に、ゴッサム・キャピタルを設立、その後、年利四〇%以上の業績を残すことになる。筆者は、本書以前にベストセラーとなった『グリーンブラット投資法――M&A、企業分割、倒産、リストラは宝の山』(パンローリング)を著すとともに、長年にわたりコロンビア大学のMBA(経営学修士)課程でも教鞭をとっている。

MBAと聞くと、複雑な数式や難解な専門用語がたくさん登場するものと思われるかもしれない。しかし、本書に登場するたった数本の数式は小学生レベルであり、また必要となる金融、財務の知識も基本的なものでしかない。その内容は極めてシンプルかつ明快である。また、本書で紹介される「魔法の公式」も名称こそミステリアスではあるが、原理は極めてシンプルである。

それゆえ、本書が提唱する投資戦略は経験や学識の有無にかかわらず、あらゆる投資家が用いることが可能であろう。しかし、本書をより多くの投資家に読んでもらいたいと思わせるのは第13章である。本章で筆者は、株式投資それ自体はそれほど建設的なことではないと明言している。この主張に対してはさまざまな反論があるものと思われるが、映画『ウォール街』でゲッコー・ゴードンが述べた「おれは何もつくらない、所有するだけだ」という言葉は真実であろう。筆者は株式投資で稼いだたくさんのお金を読者にとって重要かつ意味のあることに用いてほしいと述べている。実際に筆者はゴッサム・キャピタルで稼いだ莫大なお金の一部をニューヨーク市クイーンズ地区にある小さな公立小学校の再建に提供している。

本書はあらゆるバリュー投資家の役に立つものと期待している。そして、より多くの投資家が稼いだたくさんのお金の一部がより建設的なことへと充当されることを期待している。

最後に、本書出版にあたりご協力をいただいた皆様に御礼申し上げます。

二〇〇六年六月

藤原　玄

素晴らしい妻、ジュリーと五人の立派な子供たちに

もくじ CONTENTS

謝辞

本書の出版に当たりお力添えいただいた多くの友人、同僚、そして家族に感謝いたします。とりわけ、ゴッサム・キャピタル（Gotham Capital）における筆者の同僚であるロブ・ゴールドステインとジョン・ペトリーにお礼申しあげます。彼らは、本書で紹介する**魔法の公式**の真の共作者であり、またこれほど聡明かつ有能で、寛容な人々と協力できたことはまたとない幸運であります。本書の完成、そしてゴッサム・キャピタルの成功に果たした彼らの功績は言い尽くせるものではなく、心より感謝しております。また、鋭いご指摘とご忠告を下さり、また編集作業をしてくださいましたカバーン・キャピタル（Caburn Capital）のエドワード・ラムズデン、第9章の着想を示し、提案をしてくださいましたパンチカード・キャピタル（Punchcard Capital）のノーバート・ルー、**魔法の公式**の研究に多大なるお力添えと知的かつ有益なご指摘をくださるとともに、優れた編集能力を示して下さいましたゴッサム・キャピタルのパトリック・イードにも深く感謝いたします。さらに、筆者の兄弟であるアメリカ・キャピタル（America Capital）のリチャード・グリーンブラットが本書の総合監修者を務め、多くの優れたアイデアを提供し、また各章において多大なる貢献をしてくださいましたこと、さらには本書の出版ならびに私の人生を通じて大いに励ましてくださいましたことは称賛に値します。

また、多大なるお力添えとひらめきを与えてくださいました次の方々にも感謝いたします。筆者の兄妹でありお気に入りの芸術家でもありますシャロン・カーハン博士、ゲアリー・カーハン博士、ジョシュア・カーハン、ジャスティン・カーハン、サドル・ロック・パートナーズ（Saddle Rock Partners）のリンダ・グリーンブラット・ゴードン、マイケル・ゴードン、カクストン・アソシエーツ（Caxton Associates）のブライアン・バインダー、スーザン・バインダー博士、筆者の素晴らしい両親であるアランならびにミッキー・グリーンブラット、有名な親類であるジョージ・ティーボー博士ならびにセシル・ティーボー、ガブリエル・キャピタル（Gabriel Capital）のエズラ・メルキン、カークウッド・キャピタル（kirkwood Capital）のロッド・マスコウィッツ、ジョン・スカリー、マーク・シルベルト、デビッド・ラビノビッツ、クレッシェンド・パートナーズ（Crescendo Partners）のラリー・バラバン、ラビ・ラベル・

ラム、エリック・ローゼンフィールド、筆者の仲買人であるスミス・バーニー（Smith Barney）のロバート・クシェル、グレイシー・キャピタル（Gracie Capital）のダン・ニール、スプリングハウス・キャピタル（Springhouse Capital）のブライアン・ゲーンズ、ブルース・ニューバーグ（筆者がこの道に入るきっかけとなった）、マシュー・ニューバーグ、そしてペツェナ・インベストメント・マネジメント（Pzena Investment Management）のリッチ・ペツェナ。ジョン・ワイリーの編集者、デビッド・ピューならびに著作権代理人のサンドラ・ダイクストラには本書の執筆に当たり励ましと熱心なお力添えを賜りました。また、良き友であり寛大にも本書にまえがきを寄せてくださいましたアンドリュー・トビアスにもお礼申しあげます。

積極的な学び手であり読者であった（そしてほとんどのジョークを笑ってくれた）上の二人の子供たち、マシューならびにレベッカ・グリーンブラットにも感謝いたします。下の三人の子供たちにも、ひらめきを与えてくださったことに感謝いたします。そして毎日喜びを与えてくれる子供たちみんなに感謝いたします。また筆者の美しい妻、ジュリーには本書に賢明な助言を与えてくださったこと、そして貴重なる日々の愛と力添えに感謝いたします。

なお、この種の仕事にはつきものであるが、この謝辞におけるいかなる誤りおよび脱落の責任は、もちろんひとえに原稿整理編集者に帰するものでありま
す。

まえがき

アンドリュー・トビアス

拙書の『**トビアスが教える投資ガイドブック――賢いお金の使い方、貯め方、殖やし方**』（パンローリング）の次の版にそのまま拝借しようと思う本書の最も優れている点は、ほとんどの人々がこれを信じないであろうということである。あるいは、信じられたとしても、実際にだれもその助言に従おうとはしないであろうということである。それはそれでよい。というのも、優れたことを知る人々が多ければ多いほど、通常、物の価格が高くなるからである。お買い得品よ、さようなら。

市場でのアノマリーを利用しようとするほとんどの「システム」と異なり、ジョエル・グリーンブラットの単純な発想は、たそえそれが広く用いられるようになったとしても、少なくともかなりの程度、その有効性を維持するように思われる。

私はサプライズを台無しにするつもりはない。本書はご覧のとおり、コンパクトにまとめられている。ここでの私の役割は著者を紹介し、彼がどの程度信頼に値するかを読者に伝えることだけである。

ジョエルとの付き合いは数十年に及ぶ。彼は非常に優秀かつ謙虚で、善意に満ちており、そしてこれは珍しいことであるが非常に成功している（本当に成功している）のである。

より正確には、彼は賢明なる投資で成功しているのである（本を売ることによって成功しているのではない）。

また彼はひょうきんである。本書の最初の数章を私は一一歳になる甥のティミーと楽しんで読んだ。私の知るかぎり投資資金を持っていないティミーは、私が最後まで一気に読み進めている間に眠くなり、心のなかで私の引退計画を手直ししていたのである。

これだけは言わせてほしいのだが、初めにミューチュアルファンドがあった。それはそれでよかった。しかし、彼らの販売手数料と費用はあまりに高すぎた。次にノーロードファンドが登場した。こちらのほうが良かった。しかし、販売手数料は撤廃されているが、管理手数料ならびに活発な運用に起因する税金および取引費用が重荷となる。次に「インデックスファンド」が登場する。これは手数料、税金ならびに取引費用を徹底的に削減したのである。非常に良いことである。

実際にジョエルが読者に考えさせているのはインデックスファンド・プラスであり、このプラスとは読者が保有する優れた事業を行っており、株価の低い企業の株式群のことである。そして、そのような株式を見つける容易な方法をジョエルは提示しているのである。

もちろん、当然のことながら全員が平均を上回る結果を得られるわけではない。しかし、ジョエルの助言に従う我慢強い人々は長期的には平均を上回る結果を得られることであろう。そして、もし何百万もの人々がこの戦略を採用したとしたら（バンガードさん、急いでこのような価格の安いファンドを提供してください）、二つのことが起こるであろう。

第一に、このような投資方法の優位性は消えることこそないであろうが、低下するであろう。

次に株式市場の価格付けがもう少し合理的になり、われわれが行う資本配分の過程がもう少し効率的になるであろう。

薄い小さな本にしては大したものである。

さぁ、一一歳のように無邪気に飛び込もう。

（『トビアスが教える投資ガイドブック――賢いお金の使い方、貯め方、殖やし方』［パンローリング］のベストセラー作家）

序文

本書はそもそも、私の五人の子供たちそれぞれに贈り物を与えたいという願望からひらめきを得たものである。彼らに自分たちでお金を稼ぐ方法を教えることができれば、真に与え続けられるという意味で素晴らしい贈り物となると考えたのである。また、私の子供たち（そのうち二人はすでに六年生と中学二年生である）でさえ理解できるようにお金を稼ぐ方法を説明することができれば、だれにでも株式市場での投資で成功する方法を教えることができると考えたのである。

本書で取り上げている基本的な考え方を単純と思われるかもしれない。おそらく洗練された投資家には単純すぎると思われるであろうが、そこに至る一歩一歩に理由があるのである。話を続けて聞いてほしい。そうすれば、初心者であろうと経験を積んだ投資家であろうと、その報酬は必ずや大きなものとなる。

プロの投資家として四半世紀以上を過ごし、またアイビーリーグのビジネススクールで九年間教えてきて、次の二つのことを確信した。

一．本当に「市場に打ち勝ち」たいのならば、どんな専門家や学者も読者の役には立たない

二．唯一残る現実的な代替案は、**自分で**やらなければならない

幸運にも、これはそれほど悪いことではない。あり得ないと思われるかもしれないが、読者は市場に打ち勝つ方法を学ぶことができるのである。単純ではあるが、一歩一歩進んでいくなかで本書はその方法を読者に教えることができる。読者の助けとなるよう、**魔法の公式**を盛り込んでいる。公式は単純かつ完璧に理にかなっており、それを用いれば、読者は市場や専門家、学者に大差をつけて打ち勝つことができる。しかも、少ないリスクで打ち勝つことができるのである。

公式は何年もの間、機能してきており、たとえみんながそれを知ったあとでも機能し続けることであろう。公式を用いるのは容易であり、また時間もかからないであろうが、それがなぜ機能するのかを完全に理解する努力をする場合においてのみ読者の役に立つことであろう。

読者はこれから本書で次のことを学ぶ。

- 株式市場の見方
- なぜほとんどの個人やプロの投資家が成功を手にすることができないのか
- 株価が**割安で優れた**企業の見つけ方
- どのようにすれば自分自身の力で市場に打ち勝つことができるのか

より高い水準の金融教育を受けた読者に向けて付録2を盛り込んでいるが、本書で紹介する方法を理解し、利用することができるようになるために付録を必ずしも読んだり、理解する必要はない。実際のところ、市場に打ち勝つためにＭＢＡ（経営学修士）は必要ないのである。洗練された公式や金融用語をたくさん知っていることが重要なのではない。本書で紹介する単純な考え方を理解することこそが、重要なのである。

だから、この贈り物を楽しんでほしい。二〇ドルほどのちょっとした投資が読者の未来を大いに豊かにすることを祈る。

幸運を祈る。

第1章

六年生のジェイソンは一財産築いている。息子と私は学校への道すがら毎日のように彼を見かける。ジェイソンはお抱え運転手付きのリムジンの後部座席に、格好良い服と色の濃いサングラスで着飾って座っている。あぁ、一一歳にしては裕福で格好良い。これこそ人生である。

なるほど、私は少々はしゃぎすぎているかもしれない。つまり、本当はリムジンではなく、一種のスクーターである。また、格好良い服とサングラスについてもどちらも真実ではない。むしろ、彼のお腹はジーンズからせり出していると言ったほうが適切で、サングラスもなく、顔には朝食の食べかすがいまだにくっついている。しかし、それは問題ではない。

重要なのは彼のビジネスである。

単純な事業であるが、うまくいっているのである。ジェイソンは一日にガムを四～五パック購入する。ひとつ二五セントで、一パックに五枚のガムが入っている。私の息子によれば、一度学校に行くとジェイソンはある種のスーパーヒーローに変身するのである。雨が降ろうとみぞれが降ろうと、邪悪な地獄の門番であろうと、ジェイソンがガムを売るのを止めることはできない。彼の顧客たちもスーパーヒーローから購入するのが好きなのであろうが（単に学校のなかでほかに手立てがないだけかもしれないが）、ジェイソンはガムを一枚二五セントで販売しているのである（私は実際には見たことはないが、おそらくジェイソンは開いたガムのパックを潜在的な顧客の鼻先に突き付け、学友が音を上げるか、二五セントコインを差し出すまで、「欲しいだろ、欲しいんだろ」と繰り返すのであろう）。

息子が示した数字によれば、一枚二五セントが五枚あるから、ジェイソンは一パック販売するごとに一ドル二五セントを荒稼ぎしていることになる。ジェイソンは鼻先に突き付けた、つまり販売した一パックで一ドルの純利益を上げている。一日に四～五パック販売するのであるから、結構なお金である。ジェイソンの一日を見たあとで、私はわが家の六年生に、「参ったね、ではこのジェイソンという子は高校を卒業するまでにいくら稼ぐと思う」と尋ねた。私の息子――本当の名前はマットであるが、ベンと呼ぼう――はすべての知力と何本かの指を駆使して計算に取り掛かった。そして、「ええと、つまり一日に四ドルで……、一週間は五日だから、週に二〇ドル。学校が三六週だから、一年で七二〇ドル。彼が卒業するまでに六年あるとすれば、彼は高校を卒業するまでにおよそ四〇〇〇ドル強を稼ぐことになる」と答えた。

学ばせる機会を見過ごしたくなかったので、私は次のように尋ねた。「ベン、ジェイソンが彼のビジネスの半分をお前に売却すると申し出てきたとしたら、お前はいくら支払う。別の言葉で言えば、彼はガムビジネスから得られる利益の半分を卒業するまでの六年間、お前と分け合うが、お前には今お金を支払ってほしいと考えている。お前はいくら彼に支払うかい」

「ええと」。ベンの頭が回転し始めたのが私には分かった。これは現実にお金になりそうな話である。「おそらくジェイソンが一日に四～五パック売ることはないかもしれないが、三パックは売る。これが確実なところだ。だから、彼は一日に三ドル稼ぐことになる。一週間のうち学校がある五日間で一五ドルとなる。一年間に学校は三六週あるから、三六×一五（私はここで少し助け舟を出した）で、一年間に五〇〇ドル強となる。ジェイソンが高校を卒業するまでに六年間あるから、六×五〇〇ドルで、彼が卒業するときには三〇〇〇ドルとなる」

「よろしい。では、お前は利益の半分を得るためにジェイソンに一五〇〇ドル支払うということかい」と言った。

「まさか」と、ベンは即座に答えた。「第一に、一五〇〇ドルを手に入れるためにどうして一五〇〇ドルを支払わなければならないの。意味がないよ。次に、僕がジェイソンから一五〇〇ドルを受け取るまでに六年間かかるんだよ。どうして向こう六年で一五〇〇ドル取り戻すのに、今ジェイソンに一五〇〇ドル支払わなければならないの。それに、ジェイソンが僕が考えている以上に良い業績を上げて、僕も一五〇〇ドル以上を手にすることができるかもしれないけど、予想よりも悪いこともあるでしょう」

「もちろん。ほかの子供たちが学校でガムを売り始めるかもしれないし、競争が激しくなって、ジェイソンはそれほどたくさんのガムを売ることができないかもしれない」と私は割って入った。

「それはない。ジェイソンは実質的なスーパーヒーローだよ。だれもジェイソンと同じように販売することはできないと思う。だから僕はその点は心配していない」とベンは言う。

これに答えて私は次のように言った。「お前の言いたいことは分かった。ジェイソンがやっているビジネスは優れたものであるが、そのビジネスの半分に一五〇〇ドルを支払うのはあまりに高すぎる。では、ジェイソンが一ドルで半分を譲ると申し出てきたら、お前はそれを買うかい」

パパは何をバカなことを言っているのだと言わんばかりの口調で、「もちろん」とベンは切り返した。

その口調はしばし気にしないことにして、次のように言った。「よろしい。正しい金額は一ドルと一五〇〇ドルの間にある。さぁ近づいてきたぞ。では、お前はいくら支払う」

「四五〇ドル。それが今日、僕が支払う金額だよ。今後六年間で一五〇〇ドル回収したら、これは良い取引だと思うね」と、ベンは見たところ自分の回答に満足しながら答えた。

「素晴らしい。やっとお前はパパがどうやって生計を立てているかを理解したね」

「パパ、何言ってるんだよ。さっぱり分からない。ガムなんてみたことないよ」

「そうじゃないよ、ベン。パパはガムを売っているのではない。パパは、ジェイソンのビジネスを例にとって、ビジネスにはどのような価値があるかを説明しているのだよ。もしパパが認めた価値よりも大幅に低い価格でビジネスを買うことができるならば、パパは買うんだ」

「ちょっと待って。それでは簡単すぎるよ。一〇〇〇ドルの価値のあるビジネスを五〇〇ドルで売る人なんているはずないよ」とベンはかみついた。

さて、お分かりのとおり、ベンのこの理にかなった、答えるまでもない質問こそが、実は本書の企画に取り掛かるきっかけとなった魔法の質問であった。良い質問をしたこと、そして信じようが信じまいが、常に半値で売られているビジネスがあることを、私はベンに伝えたかった。どこを見ればそのような掘り出し物を独力で買うことができるかを教えたかったのだ。もちろん、ワナもあることとも伝えている。

ワナとは回答が信じられないくらい複雑だということではない。五〇〇ドルで売られている一〇〇〇ドルの価値があるものを見つけるにはある種の天才か、優れたスパイにならなければならないという意味でもない。その必要はない。それどころか、私が本書を書こうと決めたことでベンたち兄弟は、私が生活のためにしていることを理解できただけでなく、独力でこのような掘り出し物を見つけるようになる方法を学んだのである。将来、彼らがいかなる職業を選択しようとも、つまりけっして奨励しない職業である資産運用に従事しなくとも、自分たちの利益をどのように投資すべきかを学ぶ必要があることは疑いないであろう。

しかし、私がベンに言ったようにワナがある。長い話に耳を傾け、その話を理解するために長い時間を費やし、そして最も重要なことであるが、その話が真実であると実際に信じなければならないことがワナである。実際に、この話は長期間にわたって読者をお金持ちにすることができる魔法の公式を紹介してくれる魔法の公式を信じないのであれば、お金持ちになることはないであろう。

一方、私がこれから書く話を信じる――本当に心から信じる――のであれば、読者は公式を用いてお金を稼ぐか、用いずにお金を稼ぐかを選ぶことができるであろう（公式を用いれば、独力で「取り組む」よりも大幅に時間と労力を削減でき、ほとんどの人により良い結果をもたらすであろう。しかし、本書を読み終わったときにどちらの道に進むかは読者の判断にお任せする）。

なるほど、読者が考えていることは分かる。信じるというのはどういう意味なのか。ピーターパンやオズの魔法使いのような新興宗教について話しているのであろうか（気味が悪く、さっぱり理解できない水晶玉の中の魔女のような話や空飛ぶ猿などを取り上げることはしない。なぜならそれらは私の話とはまったく関係がないからである）。

では、お金持ちになるということについてはどうであろうか。何だって。本当にお金持ちになる方法を本なんかで教えられるものであろうか。それでは筋が通らない。もし本がお金持ちになる方法を教えられるのであれば、みんなお金持ちになっているであろう。魔法の公式を手にするよう勧める本についても、それはまさしく真実である。もしみんなが魔法の公式を知っていたら、だれもお金持ちになることはできず、公式は早々に機能しなくならざるを得ないであろう。

しかし、これは長い話であると述べた。私は初歩の初歩から始めるつもりである。私の子供たちやその他多くの子供にとって、この話のほとんどはすべて目新しいものであろう。大人たちにとっていても、たとえ自分たちは投資についてすでに多くのことを知っていると思っていても、ビジネススクールを卒業しようとしているとしても、さらには職業として他人のお金を運用しているとしても、ほとんどの人が正しいことを学んでいない。さらには最初から間違えたことを学んでいるのである。

私がこれからしようとしている話を本当に信用する人はほとんどいない。信用した——本当に心から信用した——としたら、世の中にはもっと成功してる投資家がいるはずだからである。ところが成功している投資家はほとんどいないのである。そして私は、読者と私の子供たちが成功した投資家のひとりになれるよう指導することができると確信している。

さあ、始めよう。

第2章

　現実には、始めるだけでも一苦労である。いくらかのお金を貯めるにも相当な自制心が必要となる。結局のところ、いくら稼ごうとも、いくら他人から受け取ろうとも、そのお金を消費する対象を見つけることは極めて容易であり、またそうすればすぐに報いを得られるのである。幼いころ、私は自分のお金のすべてをジョンソン・スミスに捧げようと決心した。もちろん、ジョンソン・スミスはいくらかの援助を必要としている孤児であったとお伝えしたい。そして、ジョンソン・スミスに与えたお金が彼の人生を変えるのに役立ったと、お伝えしたい。そうお伝えしたいのではあるが、つまり、事実はまったく異なるのである。つまり、ジョンソン・スミスは企業である。単なる企業ではない。ブーブークッション、イッチングパウダーや犬の嘔吐物の模造品などを通信販売する企業なのである。

そうだからといって、すべてのお金を無駄に費やしたわけではなかった。教育的な物も買ったのである。ジョンソン・スミスは私に高さ一〇フィート、周囲三〇フィートの気象観測用気球を販売することに成功した。巨大な気球と気象とにどのような関係があるのか不明であるが、少し教育的に聞こえたのである。掃除機の空気の流れを逆流させたりすることでやっと気球の膨らまし方を考え出したあとで、私と兄は大きな問題にぶつかった。一〇フィートの気球は玄関のドアよりも少し大きかったのである。アインシュタインでも完全に理解できないような複雑な公式を用いた結果、われわれは気球に背を当てて、力いっぱい押せば、破裂したり、ドアを傷つけたりせずに押し出すことが可能であるとの結論に達した（ちなみに、このとき母は自宅にはいなかった）。そして実行に移したが、われわれはひとつだけ忘れていた。

外気は家の中の空気よりも冷たかったようだ。つまり、われわれは気球に暖かい空気を充填していたのである。そして、私と兄を除くだれもが知っているように、暖かい空気は上昇するもので、気球は浮遊し始めたのである。われわれは巨大な気球を追いかけて半マイルも通りを下っていったが、ついには気球は木の上で破裂してしまったのである。

幸運にも、私はこの経験から貴重な教訓を得た。それが何であったか正確には思い出せないが、ほんの数分間街角を追いかけるためだけの巨大な気象観測用気球を買うことでお金を浪費するよりも、将来欲しくなる、または必要となる物のためにお金を貯めておく重要性に関することであったことは確かである。

ここでは便宜的に、将来のためにお金を貯めることは重要であるということにみんなが同意するとしよう。また、読者が読者のお金を必要としているジョンション・スミスやその他たくさんの場所での誘惑にあらがうことができ、読者またはその両親が食物や衣服、住まいなど生活に必要なものはすべて準備できるとしよう。そして、いくら費消するかに注意を払うことで少なくとも少額のお金を貯めることができるとしよう。読者の課題はそのお金――ここでは一〇〇〇ドルとしよう――をより多くのお金に増やす場所に置いておくことである。

極めて簡単なようだ。もちろんそのお金をマットレスの下や貯金箱に置いておくこともできる。しかし、そのお金を手にするとき、それがたとえ数年後であろうと最初と同じ一〇〇〇ドルしか手にできないであろう。つまり、お金はまったく増えないであろう。それどころか、そのお金を置いている間に、そのお金で買おうとしていた物の値段が上がれば（それゆえ、読者の一〇〇〇ドルでは当初より少量の物しか買うことができない）、それは読者のお金が初めに置いておいたときよりも価値がなくなっているということである。要するに、マットレス案はひどいものなのである。

B案はより良いものでなければならない。そして、実際にそのとおりなのである。その一〇〇〇ドルを銀行に預けるのである。銀行は読者のお金を預かるだけでなく、読者に特権を与えることに合意するであろう。読者は毎年銀行から利息を受け取るであろう。そして、ほとんどの場合、より長い期間お金を預けることに合意すれば、より高い利率を得ることができるであろう。もし銀行に一〇〇〇ドルを五年間預けることに合意すれば、読者は毎年五％ほどの利息の支払いを受けるであろう。つまり、一年目には当初預金した一〇〇〇ドルに対する利息として五〇ドルを受け取るので、結果として二年目の初めには一〇五〇ドルが銀行にあることになる。二年目には新たな、そして増えた総額一〇五〇ドルに対する五％の利息、つまり五二・五〇ドルを受け取る。これが五年間続くのである。読者の一〇〇〇ドルは五年後には一二七六ドルまで増えている。けっして悪くはなく、またマットレス案に比べればはるかに良いのは確かである。

では、C案はどうであろうか。この案は「だれも銀行を必要としない」という名で知られている。銀行を飛び越え、企業や個人の集団に直接お金を貸す簡単な方法が存在するのである。企業はしばしば債券を販売することで直接資金を借り入れる。街角のパン屋がこのような債券を販売することはほとんどないが、マクドナルドのような数百万ドル規模の企業は常にそうするのである。読者が大企業から一〇〇〇ドル分の債券を購入すれば、その企業は例えば毎年八％を支払い、一〇年後には元金の一〇〇〇ドルを払い戻すことに合意するかもしれない。これは銀行が読者に喜んで支払うわずか五％を明らかに上回るものである。

しかし、ちょっとした問題がひとつ持ち上がる。読者がこれらの企業のひとつから債券を購入したとして、もしその企業が事業に失敗したら、読者は利息を得られず、または元金を取り戻すことができないかもしれないのである。それゆえ、たいていはボブのパンケーキとピクルスの店のようなリスクのより高い企業は、より安定した大手企業よりも高い金利を支払わなければならないのである。つまり、一企業の債券は銀行よりも高い金利を支払わなければならないのである。人々は約束された利息を受け取れない、または元金を取り戻せないリスクを補うために、債券からはより多くのお金を稼ぐ必要があるのである。

もちろん、読者が一〇〇〇ドルを失う何らかのリスクを負うことに不満であれば、米国政府も債券を販売している。この世の中に完全にリスクのないものなど存在しないが、米国政府にお金を貸すことはそれに最も近いことである。もし読者が米国政府に一〇年間お金を貸す用意があるのであれば、政府は例えば年に六％ほどを支払うことに合意するかもしれない（読者がより短い期間、例えば五年間だけ貸すとすれば、ほとんどの場合、利率は四～五％とより低いものとなるであろう）。

本書において、われわれの考察の対象となるのはほとんどの場合、一〇年満期（元金が払い戻される）の米財務省債券である。一〇年とは十分に長い期間であるから、それを考察の対象としよう。われわれは米財務省債券のような安全策から稼ぐことができる額とその他の長期的な投資対象とを比較したいのである。満期一〇年の財務省債券が年利六％ということは、一〇年間お金を貸し出す準備がある一方で、元金を失う、または約束された利息を受け取れないといったいかなるリスクも負いたくないという人々は、原則的には自分たちのお金を用いて毎年六％を受け取ることが期待できるということを意味している。

これが意味することは重要であるからしっかり理解しなければならない。つまり、お金を貸してくれる、または長期にわたって共同で投資するよう求めてくる者がいるならば、彼らは年に六％以上を読者に支払うことを想定しているのである。

これはなぜか。読者はいかなるリスクも負うことなしに年に六％を手にすることができる。米国政府にお金を貸しさえすれば、毎年六％を受け取り、一〇年後には元金が払い戻されることが保証されるのである。もしジェイソンが彼のガム会社の持ち分の対価としてお金を求めているとしたら、その投資からは六％よりも多くを稼げなければならず、そうでないならば投資すべきではないのである。もしジェイソンが長期にわたってお金を借りたいとしているとしても、話は同じである。彼は六％を大幅に上回るお金を読者に支払うことを想定しているのである。繰り返しになるが、読者は米国政府にお金を貸すことでいかなるリスクも負うことなく、一年に六％を手にすることができるからである。

ただそれだけである。本章で覚えておく必要があるのはほんの少しだけである。

要約

一．読者は自分のお金をマットレスの下に置いておくことができる（しかし、この案はひどいものである）。

二．読者は自分のお金を銀行に預けるか米国政府から債券を購入することができる。そうすることで**リスクを負うことなく**、利息の受け取りと元金の返済が保証されるであろう（一〇万ドル以下の銀行預金は米国政府機関によりその元本が保証されている。初期投資額を失いたくないのならば、銀行に預金するか、満期――取得した債券によるが、五年かまたは一〇年――まで債券を保有しなければならない）。

三．読者は、企業やその他の集団が販売する債券を購入することができる。銀行に預けたり、財務省債券を購入したりするよりも高い金利を得ることは約束されるであろうが、それはお金の一部または全部を失う可能性があり、それゆえに負うべきリスクに見合うだけのものを手にするということである

四．読者は自分のお金で別のことができる（次章で説明しよう）。

最後にほとんど忘れていたが、

五．暖かい空気は上昇する。

ほら、結局のところ、私は気球から何かを学んだのである。ありがとう、ジョンソン・スミス。

私は読者の人生をより簡潔にしたいと考えている。本書執筆時点で、

一〇年満期の米財務省債券の金利は六%よりもかなり低い。しかし、長期財務省債券が六%よりも少ない金利しか支払っていないときでも、利率は六%と仮定する。言い換えれば、米財務省長期債券の金利がどれほど低かろうが、ほかの代替する投資対象からは六%を上回るものを得なければならないのである。総括するならば、ほかの投資からはリスクを負うことなく得られるものを大幅に上回るものを確実に得たいのである。長期財務省債券の金利が七%以上に上昇したら、当然七%またはそれ以上の利率を用いることになる。これで本章は終わりである。

第3章

では、読者のお金でほかに何ができるであろうか。この問題に取り組んでみよう。銀行にお金を預けたり、政府に貸し付けたりするのは本当に退屈である。もちろん、それは分かっている。競技場に行って馬に賭けてはどうであろうか。これは駄目である。私は実際にやってみたがうまくいかなかった。ドッグレースにも挑戦した。そこではグレーハウンドドッグの一群が小さな機械仕掛けのウサギを追い掛けながら駆け回っている。見ているのには楽しく、また本当に素晴らしい人々と一緒に楽しむことができる。歯のあるような人々とも。

しかし、よくよく考えてみると、これもそれほど良いアイデアではない。私がお金を賭けた犬が実際にウサギを捕まえてからというもの、これも違うということに気づいたのである。私のかわいい坊やは最初のコーナーでほかの犬どもに踏み潰され、立ち上がりはしたが違う方向に走り始めてしまったのである。不幸にも機械仕掛けのウサギが時速六〇マイルでコースを疾走しており、私が信頼し、お金を賭けた犬は突進してくるウサギに飛び掛ったのである。美しくない光景であったとだけ言っておこう（分かった。読者が気にしているであろうから述べておくが、犬は時速六〇マイルで疾走するウサギにフルスピードで激突し、三〇フィートも宙を飛び、残念ながら失格となってしまった。つまり、あぁ、私はお金をすべて失ったのである――そう、犬は素晴らしかった）。

ともかく、いまや読者のお金をどうするかについて合理的な選択肢のほとんどを検討したが（私がまだ知らないどこかで虫やさまざまな甲殻類を競わせている人々がいることは分かっているが）、もうひとつ見てみよう。企業に投資するのはどうであろうか。いずれジェイソンも成長する。彼は自分でガムショップを開くかもしれない。さらには、ジェイソンズ・ガム・ショップのような受けの良い名前で、通常「チェーン」店と呼ばれるようなガムショップ・グループを開くかもしれない。

ジェイソン自らが自分のガム販売ブランドのすべての販売員を訓練し、チェーン店全体が成功すると仮定しよう（あり得ることである）。そしてジェイソンが彼の会社の半分を売却しようと読者のところにやってくる（彼は新しいサングラスと本物のリムジン、そして自分と幸運なジェイソン夫人のための家を買いたがっている）。いまや彼が求めてきているのは大金であるから、われわれはジェイソンの申し出を受けるかどうかを決める前に、少々真剣に計算を行う必要があるであろう。

ジェイソンはスクーターで街を練り歩いていたころに比べれば相当成長しており、今では自分の会社の所有権の半分の対価として六〇〇万ドルもの大金を要求しているのである。もちろん、六〇〇万ドルもの大金を支払える人はほとんどいないが、幸運にもジェイソンは自分の会社の所有権の半分をひとりの人に売ろうとしているのではない。実際にジェイソンは会社の所有権を一〇〇万等分、つまりウォール街で言うところの一〇〇万株に分割することを決めていたのである。ジェイソンの計画では五〇万株を自分で保有し、残りの五〇万株を一株当たり一二ドル、合計六〇〇万ドルで売却するのである。ジェイソンの会社の一部をその値段で買いたいと思う人ならだれでも、一株を一二ドル、一〇〇株なら一二〇〇ドル、一〇〇〇株なら一万二〇〇〇ドルで買うことができ、またそれ以上に何株でも買うことができるのである。

例えば一二万ドルをかけて一万株を購入したとすると、読者はジェイソンズ・ガム・ショップの一％（一万株を総数の一〇〇万株で割る）所有することになる。この一％とは、読者がスペアミントガム部門とかジェイソンのお店のひとつの一部分を所有するという意味ではない。読者の一万株、つまりジェイソンズ・ガム・ショップに対する一％の所有権は、読者がジェイソンズ・ガム・ショップという会社全体の将来の利益の一％を受け取る権利を有するということである。もちろん、ここで読者がやらなければならないことは、将来ジェイソンがガムから上げる収益の一％に対して一二万ドル支払うことが良い取引かどうかを計算することである（ここでわれわれの分析はいくらか粘着質になる。われわれは優れた刑事にならなければならず、そうなることでわれわれは自分たちのお金を吹き飛ばすことも、噛み潰したり吐き出したりすることもなくなるのである……ともかく、どういうことかお分かりであろう）。

幸運にもジェイソンはたくさんの情報を提供している。ジェイソンズ・ガム・ショップ株一株に対してジェイソンは一二ドルを要求しており、総計が一〇〇万株（この場合発行済み株式総数一〇〇万株という）であることがすでに分かっているので、ジェイソンは自分の会社には一二〇〇万ドルの価値があると考えているのである（それゆえ、彼の会社の一％は前述したとおり一二万ドルと考えている）。それは大いに結構である。しかし、ここで問題となるのは、われわれがジェイソンの会社にそれだけの価値があると思えるかどうかである。では、ジェイソンが提供したほかの情報に目を向けてみよう。

昨年ジェイソンは大いに成功を収めたジェイソンズ・ガム・ショップチェーンの一〇店舗で総計一〇〇〇万ドル相当のガムを販売した。もちろん、この一〇〇〇万ドルとはジェイソンの店における売上高であり、残念ながらジェイソンが一〇〇〇万ドルの利益を上げたということではない。当然ながら、ジェイソンの店ではそれまでにいくらかの費用が発生した。ジェイソンが販売したガムにかかる費用が総計で六〇〇万ドル。これによって彼の手元に残った利益が四〇〇万ドルとなる。しかし、まだ終わりではない。

ジェイソンは一〇店舗の賃料を支払わなければならない。そして、ガムを販売したり、店舗を掃除したり、店舗を円滑に運営するなど何らかの理由で給料を得ようとするうるさい従業員もいるし、光熱費、ゴミ処理、経理やあらゆる種類の管理費用（そうすることでジェイソンは全店舗を飛び回るお金やガムを把握することができる）などを支払わなければならないのである。今回の場合、厳密に言えば追加で二〇〇万ドルの費用が発生した。結果として、ジェイソンの会社の利益は二〇〇万ドルまで低下する。しかし、読者が懸念しているとおり、これで終わりではない。

ジェイソンの会社は税金を支払わなければならない。市民にサービスを提供するために政府は資金を必要としており、利益を出している企業はそれらのサービスを維持するためにその費用の一部を負担しなければならないのである。ジェイソンズ・ガム・ショップの場合、支払う税金は利益の四〇％（多くの企業にとってかなり標準的な税率である）に等しくなる。つまり、ジェイソンのガム会社が昨年稼いだ二〇〇万ドルの利益の四〇％が税金というかたちで政府に納められなければならない。二〇〇万ドルの四〇％が八〇万ドルであるから、結果としてジェイソンズ・ガム・ショップには一二〇万ドルの純利益が残ったことになる。

実際に、ジェイソンは損益計算書（**表3－1**参照）として知られる非常に整然とした表のかたちで昨年の収益に関するすべての情報を提出した。

表3－1　ジェイソンズ・ガム・ショップの年間損益計算書（過去12カ月）

売上高	10,000,000ドル
売上原価（つまりガム代）	－6,000,000ドル
売上総利益	4,000,000ドル
販売費および一般管理費	－2,000,000ドル
税引き前利益	2,000,000ドル
法人税（税率40％）	－800,000ドル
純利益	1,200,000ドル

これでお分かりであろう。ジェイソンズ・ガム・ショップは昨年一二〇万ドルを稼いだ。それでジェイソンは企業が総額一二〇〇万ドルの価値があると考えたのである。彼は会社全体の半分までならば、一二〇〇万ドルの評価額を基準にいかなる規模（半分ならば六〇〇万ドル、一〇％の所有権ならば一二〇万ドル、会社の一〇〇万分の一に相当する一株であればたったの一二ドル）でも喜んで売却するのである。では、わ

われわれはどうすべきであろうか。事を簡潔にするために、一二ドルの株式の対価としてわれわれが何を得られるかを見ていこう。

では、ジェイソンは自分の会社を一〇〇万株に分割した。つまり、会社全体で一二〇万ドル稼いだとすると、一株ではその一〇〇万分の一の額を稼いだことになる。一二〇万ドルを一〇〇万で割るので一ドル二〇セント、一二ドルの株には一ドル二〇セントの利益を得る権利があったことになる。これは良い取引であろうか。こう考えてみよう。われわれはジェイソンの会社の一部に対して一二ドルを投資し、その投資が初年度に一ドル二〇セントをもたらすとすれば、この投資に対する初年度の収益率は、

一ドル二〇セント÷一二ドル、言い換えれば一〇%

初年度に一〇%の収益である。かなり良い結果ではないであろうか。第2章において、最低でも一〇年物の財務省債券から得られる年利六%を上回る収益を上げなければならないと述べた。というのも、それらの債券を買うことでわれわれはいかなるリスクも負うことなく、六%を稼ぐことができるからである。

一〇％の収益は六％のそれよりも明らかに多いので、一ドル二〇セントの収益をもたらす株式に一二ドルを支払うのが良い取引だというのは真実ではないであろうか。

しかし、人生はそんなに簡単ではない（しかし、あとに述べるようにもう少しである）。肝心なことは、われわれはすでに大いなるスタートを切ってはいるが、決断を下す前にさらに幾つかのことを検討しなければならないということである。

第一に、一株当たり一ドル二〇セントというのはジェイソンズ・ガム・ショップが昨年稼いだものである。しかし、われわれは翌年も一ドル二〇セントを稼ぐかどうか、それ以上か、またはそれ以下かを見極めなければならない。昨年の利益が翌年の利益を見積もるうえでの第一歩となるかもしれないが、そうではないかもしれない。もしジェイソンズ・ガム・ショップが翌年一ドル二〇セント稼ぐことができなければ、この会社は、われわれが一株当たり一二ドルを支払うときに期待した一〇％の収益を上げていないことになる（もちろん、それよりも高い可能性も低い可能性もある）。

次に、ジェイソンの会社が翌年いくら稼ぐかの予測を立てたら、その予測にどの程度の自信が持てるかを判断しなければならない。ガムの売り上げが毎年堅調であるかどうか、ジェイソンのガムショップは一時的な流行にすぎないかどうか、またはほかのお菓子屋との新たな競争がジェイソンの利益に影響を与えるかどうかまったく分からず、当てずっぽうにすぎないのであれば、われわれの予測は疑わしいものである。

しかし、われわれは合理的でなければならない。一株当たり利益が一ドル五〇セントか二ドルか不明であるとしても、その種の不明確さは問題ない。どちらの数字もジェイソンの会社がわれわれが当初支払った一株当たり一二ドルに対して一〇%以上の利益を上げていることを示している。一方で、(一株当たり)利益が二〇セントなのか一ドル二〇セントなのか分からないのならば、財務省債券から得られる保証された六%がにわかにより良く見えてくるであろう。

われわれがまだ検討していない第三のささいなことは、翌年はたった一年でしかないということである。ジェイソンズ・ガム・ショップが翌年一ドル二〇セント(それ以上、またはそれ以下)稼いだとしても、その次の年はどうであろうか。利益は毎年増大するであろうか。各店舗とも毎年ガムの売り上げを増大させ続ければ、利益もそれに沿って増大するであろう。もしくは、一〇店舗で一株当たり一ドル二〇セントの利益を上げることができるとして、それを今後数年で二〇店舗まで増加させれば、利益も一株当たり二ドル四〇セントかそれ以上まで増大するのであろうか。もちろん、申し上げにくいことであるが、ガム会社は今後数年間にいつでもうまくいかなくなり得るし、そうなればガムから上がる利益は長い間一ドル二〇セントを大幅に下回る水準にとどまることもあろう。そしてさらに悪いことも……。

なるほど、パニック状態になってきたであろう。私にはそれが分かる。この種の話はあまりに分かりにくい。では、どのようにしてそのすべてを解明するのであろうか。だれかどうにかできるのであろうか。そして、たとえ読者が全力を尽くしたとしても、私は読者やついでに言えば私の子供に推測や予測の束に現金を賭けることを期待するであろうか。そうそう、それに、同様のことを解明しようとしているＭＢＡ（経営学修士）修得者や博士、優秀な財務屋、プロの投資アナリスト、言うまでもないがプロの資産運用者はいないのであろうか。どのようにしてたったひとりで読者がこれらの勤勉で賢く、洗練された人々を打ち負かすことができるのであろうか。

よろしい、もう十分である。落ち着こう。いや、私は読者をどこにも導くことができないのであろうか。少しだけ信頼してほしい。あきらめないで頑張ってほしい。それでは要点をまとめ、重要であるから覚えておいてほしいことを伝えてから、次へ行こう。細々としたことがあるたびに読者の手を握り締めなければならないなんて……。

では、知っておかねばならないことは次のとおりである。

一．企業の株式を購入するということはその会社の一部、言い換えれば持ち分を購入するということである。そうすることで、読者はその企業が将来上げる利益の一部を得る権利を手にすることになる。

二．企業の価値を算定するに当たってはその企業が将来いくら稼ぐかを見積もる（予測と言い換えてもよい）ことになる。

三．株式から得られる利益は、その取得にかかる金額と同額を無リスクの一〇年物財務省債券に投資することで得られる金額を上回るものでなければならない（前章において財務省債券の利率が六％を下回ったときでさえ、読者にとっての絶対的な最小年間収益率として六％を設定したのを思い出してほしい）。

そして、

四．私は**魔法の公式**のことをけっして忘れてはいない。だから読者はそのことで私をいら立たせてはいけない、よろしいだろうか。お静かに願いたい。

第4章

よろしい、企業の価値を算定することは容易ではない。何度も推測し、予測を立ててみても、正しいこともあれば間違えることもあるであろう。しかし、もし正解を得られたらどうであろうか。企業の正しい価値を算定することができたらどうであろうか。その情報を用いて読者に何かできることがあるであろうか。私が第1章で断言したような、企業をその本来の価値の半分の値段で買うことができる場所があるのであろうか。それは読者が一〇〇〇ドルの価値があるものををたった五〇〇ドルで手に入れることができる場所なのであろうか。それは確かに存在するのである。しかし、まずはビジネススクールで数分過ごすこととしよう。

過去九年間、私はアイビーリーグの大学でビジネスを専攻する大学院生を相手に投資に関する講義を行ってきた。言うまでもなく、非常に優秀な学生たちである。毎年最初の講義の日に私は教室に入ると新聞の金融面を開く。そこにはたくさんの細かい数字の表が何ページにもわたって印刷されている（ここまでは良いと思われるであろうか）。ともかく、これらの表に掲載されているのは企業名の一覧であり、企業名の隣には一連の価格が掲載されている。

「大きな、有名な企業の名前を挙げてください」と、私は言う。学生が思い付くのはゼネラル・エレクトリック（General Electric）、ＩＢＭ、ゼネラル・モータース（General Motors）やアバークロンビー・アンド・フィッチ（Abercrombie & Fitch）などの名前である。実は学生がどの企業の名前を叫ぼうとまったく関係ない。要点はとても簡単で、ほとんどすべての産業の、大企業であろうが中小企業であろうが、有名であろうがそうではなかろうが、構わないのである。結果はいつも同じである。

私は新聞のゼネラル・エレクトリックの隣にある数字を読み上げる。「ここにはゼネラル・エレクトリック株一株の昨日の値段が三五ドルであったとある。また、ここには昨年を通じたゼネラル・エレクトリック株の最高値は一株五三ドル、最安値は二九ドルともある」

「IBMについても同様である。昨日、IBM株一株は八五ドルで買うことができた。しかし昨年一年間では九三ドルもの値段で売られたことあり、また五五ドルで売られたこともある」

「昨日ゼネラル・モータース株は一株三七ドルで売られていた。しかし、昨年一年間では三〇ドルから六八ドルの間で値を付けていた。アバークロンビー・アンド・フィッチについては、昨日一株二七ドルで売られていたが、昨年一年間の価格帯は下値が一株一五ドル、高値が三三ドルを上回る水準にあったのである」

そして、私は、一株の価格帯はとても広く、また非常に短い期間に株価は大幅に変化するということを指摘するのである。二～三年の期間で株価を見ればその幅はさらに広がるであろう。

そして、私はいつも次の質問をするのである。どうしてこのようなことが起こり得るのであろうか。これらは有名な大企業である。これらすべての企業が、ジェイソンが自分のガム会社で行ったのと同じように、その所有権を何百万（時には何十億）もの株式に分割している。まず企業はそれらの株式を大衆

（個人ならびに巨大な機関投資家）に売却する。一方で、その後これらの株式を買った人々はそれを欲しがる者にならば、だれにでも自由に売却することができる。

新聞は日々何千もの企業名と人々が互いにその所有権を売買している価格とを掲載している。これらの所有権の売買取引は多くの場所やコンピューターターネットワーク上で行われている。これらの所有権は株式と呼ばれ、この売買行為は株式市場と総称される。

ＩＢＭやゼネラル・モータースほどの大企業であればその所有権を何億もの株式に均等に分割しているかもしれない。つまり、一年のある時点においてゼネラル・モータース株一株を三〇ドルで取得することができるのであれば（ここでは、ゼネラル・モータースの所有権は一〇億個、言い換えれば一〇億株に分割されていると仮定している）、企業全体つまり一〇億株の取得にかかる価格は三〇〇億ドルであることを示している。しかし、同じ年のある時点でゼネラル・モータース株を一株六〇ドルで取得したとしたら、これはゼネラル・モータース全体の取得にかかる費用が六〇〇億ドルであるということになる。

そこで私は質問を繰り返すのである。どうしてこのようなことが起こり得るのであろうか。北米最大の自動車製造業者であるゼネラル・モータースの価値は一年のうちにそれほど変化し得るのであろうか。それほど大きな企業に、ある日は三〇〇億ドルの価値があり、数カ月後にはそれが六〇〇億ドルになっているなどということがあり得るのであろうか。彼らは二倍の量の車を生産し、二倍のお金を稼いでいるのであろうか。もしくは、それほど大幅な価値の変化が正当化され得るような劇的なまでに異なる経営を行っているのであろうか。もちろん、それもあり得る。しかし、IBM、アバークロンビー・アンド・フィッチおよびゼネラル・エレクトリックの大きな価格変動についてはどうであろうか。ほとんどの企業の価値が大きく変化することを説明し得るような事態が毎年毎年発生するのであろうか。

結果は毎年同じであることを覚えておいてほしい。学生が名前を挙げたほとんどすべての企業でも、たった一年間ですら高値と安値の幅は巨大なものである。これが理解できるであろうか。まぁ、授業時間を無駄にしないためにも（さらには私の集中力はたいてい数秒しかもたないので）、私はたいてい、理解できないと答えを口走ってしまう。ほとんどの企業の価値が一年間に、しかも毎年高値から安値へ、または安値から高値へと激しく変動するなどまったく理解できない。一方で、ほとんどの企業の株価が毎年激しく変動することはかなり明らかのようだ。ここでは読者はそのことが真実であることを新聞で確認しさえすればよい。

そこで、私は教室を埋め尽くす優秀で洗練された学生たちにその理由を説明するよう問うのである。なぜこれらすべての企業の価格は、その価値がそれほど変化することはあり得ないにもかかわらず、大幅に変化するのであろうか。これは良い質問である。そしてたいていの場合、私はしばらくの間、学生たちが複雑な説明や理論を示すに任せるのである。

実際に、この質問は大学教授たちがこれを説明しようと、経済学、数学ならびに社会学のすべての分野を発達させたほどに優れた質問なのである。さらに信じ難いことに、この学術研究のほとんどが、明らかに筋の通らないことが実際には理にかなっているということを簡単に説明するための理論を発展させたのである。本当に賢くなくては無理な話である。

では、なぜ当該企業の価値がそれほど変化しないときに株価は毎年大幅に変化するのであろうか。そこで学生たちに次のように説明するのである。それはだれにも分からないし、だれも気にしない、と。

おそらく人々は頭がどうにかなってしまうであろう。将来の利益を予想することは難しいであろう。読者の購入価格に対する適正な収益率を決めることは難しいであろう。人々は時には少し落胆し、多額のお金を支払いたくないと思うであろう。また人々は時に興奮し、多額のお金を喜んで支払うであろう。そして人々は将来の利益を高く見積もることで喜んで高値を正当化し、落ち込んでいるときには低く見積もることで喜んで安値を正当化することであろう。

しかし、前述のように人々は頭がおかしくなるだけかもしれない。私には、なぜ人々が非常に短い期間に大幅に異なる価格で多くの企業の株式を売買するのかを知る必要はないことだけは真実である。私はただ彼らがそうするということだけを知っていればよいのである。では、なぜこのことが役に立つのであろうか。そのことについて検討してみよう。

読者がジェイソンズ・ガム・ショップのような一企業の価値を、一株当たり一〇ドルから一二ドルと推定しており、その企業の株式は一年間のあるときどきにおいて、六ドルから一一ドルの間で買うことができると仮定しよう。そして、その企業の価値算定に自信があるならば、一一ドル近辺で取引されている株式を購入するかどうかを決めるのは難しいかもしれない。しかし、同じ企業の株式を同じ年に六ドル付近で取得することができるならば、読者の決断はずっと楽なものとなるにちがいない。一株六ドルとすると、読者の推定がほぼ正しいものならば、読者はジェイソンズ・ガム・ショップの株式を一ドル相当分当たり五〇もしくは六〇セント（本来の価値の五〇もしくは六〇％）で購入していることになるであろう。

最も偉大なる株式市場の著述家であり思想家のひとりであるベンジャミン・グレアムはこう表現している。自分自身がある企業の共同所有者で、共同所有者のなかにはミスター・マーケットという名の変わり者がいると想像してみればよい。ミスター・マーケットは気分のむらが激しく、彼は読者に毎日ある特定の価格で株を買ってあげようとか、売ってあげようかと言ってくる。ミスター・マーケットはいつも判断をすべて読者任せにするが、読者には毎日三つの選択肢があるのである――ミスター・マーケットに彼の言い値で読者が保有する株式を売却する、ミスター・マーケットが保有する株式を同様の値段で購入する、もしくは、何もしない。

時にはミスター・マーケットの機嫌が良く、企業の本来の価値よりもかなり高い価格を付けることもある。そのようなときは、読者が保有する株式をミスター・マーケットに売却するのがおそらくは理にかなっているであろう。あるとき彼はとても機嫌が悪く、企業に非常に安い値段を付けることもある。そのようなときは、そのような低い価格で読者に株式に譲渡しようというミスター・マーケットの常軌を逸した申し出を利用して、彼の株式を取得したいと思うであろう。ミスター・マーケットが付けた値段が企業の価値に比べて特に高かったり低かったりしないのであれば、読者は何もしないという選択を論理的に行うことであろう。

株式市場という世界においては、まさにそのようなことが起こるのである。株式市場とはミスター・マーケットである。日刊紙によると、ゼネラル・モーターース株が一株三七ドルで売られているならば、読者には三つの選択肢がある。ゼネラル・モーターース株を一株三七ドルで購入する、ゼネラル・モーターース株を一株三七ドルで売却し、一株当たり三七ドルを受け取る、もしくは何もしない。ゼネラル・モーターース株が本当に一株当たり七〇ドルの価値があると思うのであれば、三七ドルというのは途方もなく安く、何株か取得することを決心するであろう。ゼネラル・モーターースの価値がたった三〇ドルもしくは三五ドルであると考える（そして、たまたま何株かを所有している）ならば、「ミスター・マーケット」に三七ドルで売却することを決めるかもしれない。ゼネラル・モータース株一株が四〇ドルから四五ドル程度の価値であると考えるならば、何もしないことにするであろう。一株三七ドルでは読者にとっては購入するほどの大幅な割引でもなく、また売却しようと思うほど寛大な価格でもない。

要するに、読者はけっして行動することを求められることはない。ミスター・マーケットが付けた価格がとても低い（読者が何株か取得しようとしているとき）、もしくは異常に高い（読者が保有する株式をミスター・マーケットに売却しようと検討しているとき）ときだけ、行動を起こすことを選択すればよいのである。

グレアムは、企業の株価がその真の価値から大幅に割り引かれて取引されているときだけ株式を買う方法を**安全域**を取りながらの投資と呼んだ。読者が見積もった一株当たりの価値、つまり七〇ドルと三七ドル程度という株式の購入価格との差額は読者の投資における安全域なのである。読者自身で算出したゼネラル・モータースのような企業の株式価値があまりに高すぎた、もしくは株式を購入したあとで自動車事業が不意に悪化したとしたら、読者の当初の購入価格の安全域がお金を失うのを防いでくれるであろう。

当初、適正価値を七〇ドルと見積もり、後に六〇ドルまたは五〇ドルのほうが一株当たりの真の価値に近いということが判明したとしても、三七ドルで購入していれば元々の投資から利益を得るに十分な利幅が残ることになる。グレアムは、ミスター・マーケットのようなおかしなパートナーから株式を購入するかどうかを決めるときには安全域の原則を必ず適用することが安全かつ確実に投資利益を上げる秘訣であると判断したのである。実際に、これら二つのコンセプト、つまり投資を行うときには安全域を確保することと株式市場をあたかもミスター・マーケットのようなパートナーであるとみなすことは、古今を通じ何人もの偉大なる投資家に用いられ、そして大きな成功をもたらしてきたのである。

しかし、少し待ってほしい。問題はまだある。確かにちょっとしたことかもしれないが。まず、前述のように、読者はどのようにして企業の価値を知るのであろうか。読者が企業の適正価値を計ることができなければ、その数字を発行済み株数で割ることはできず、一株当たりの適正価値を把握することはできない。それでは、たとえゼネラル・モータース株一株がある日三〇ドルで売られており、それが数カ月後に一株六〇ドルで売られているとしても、読者はこれらの価格が安いのか、一方は高いのか、またはどちらの価格も安いまたは高いなど判断がつけられないのである。要するに、われわれがこれまでに学んだことからは、たとえそれが読者の心に響いたとしても割引価格を知ることはできないのである。

次に、たとえ企業の適正価格や価格帯を算出することができても、どのようにしてそれが正しいか、ほぼ正しいかどうかを知ることができるのであろうか。企業の価値を算定するに当たって読者が行うことはすべて推測や推定ばかりであるということを思い出してほしい。これらの見積りには、ある企業の向こう何年間にもわたる利益の予測が含まれているのである。これはいかなる専門家であっても苦戦するものである。

第三に、われわれがすでに取り上げたように、これらすべての事柄を解明しようとしている優秀で勤勉な人々は少ないのであろうか。企業の真の価値を算定することに精を出している株式市場のアナリストやプロの投資家は少ないのであろうか。私が読者に投資法を伝授することができたとしたら、これらの優秀かつ博識で経験豊かな人々は読者にはかなわないのであろうか。彼らは読者よりも先に明らかな割安株を買い漁らないのであろうか。読者はどのようにしてこれらの人々と競争することができるのであろうか。読者は子供、一歩譲って一〇代の子供でも株式市場で大儲けする方法が学べる本を買っただけである。意味があるのだろうか。読者にはどのようなチャンスがあるのであろうか。

今、正気の人は少々バカバカしく感じ始めているかもしれない。しかし、読者はこの本に大枚をはたいたのである。読者はすでにトランプのカードが何枚か不足しているだけなのである。少なくとも進んでいるのである。いずれにせよ、準備ができていようといまいと、本章をまとめる。

一．株価は極めて短い期間にむやみやたらに変動する。これは当該企業の価値がその期間に大幅に変動しているという意味ではない。要するに、株式市場はあたかもミスター・マーケットという名のおかしな男のように振る舞うのである。

二．ある企業の株式を読者が見積もった価値よりも大幅に割り引かれた価格で取得すればよい。株式をその価値よりも大幅に割り引かれた価格で取得することで読者は大幅な**安全域**を得ることができ、またそれによって安全かつ一貫して有利な投資を行うことができるのである。

三．これまでに学んだことからでは、頭の上に割安な株式が落ちてきても読者はそれに気づくことはないであろう。

四．すでにいくらかのお金を使っているのであるから、このまま読み続けるのがよいであろう。

第5章

私は映画が大好きで、特にベスト・キッド（原題＝The Karate Kid）がお気に入りである。もちろん、さまざまな形式の芸術が好きではあるが、ポップコーンとキャンディは欠かせないのである。それはさておき、このユニークな映画の一場面は私にとっては特別な意味を持っている。そこでは、年老いた空手の師匠であるミスター・ミヤギが彼の一〇代の弟子であるダニエルに戦い方を教えることになる。転校してきたばかりのこの少年は空手道場に通ういじめっ子グループにいじめられている。彼は空手を習えば、いじめっ子たちに立ち向かい、憧れの女の子を勝ち取ることができると期待している。しかし、ミスター・ミヤギは彼に空手を教える代わりに、車のワックスがけ、フェンスのペンキ塗りや床のヤスリがけなどの仕事を命じるのである。

そして、貧弱なダニエルがワックスがけやペンキ塗り、ヤスリがけに一生懸命に働く場面が繰り広げられたあと、この若者はついに飽きてしまう。そして彼はミスター・ミヤギに向かって、次のようなことを述べるのである。「空手を習おうとしているのに、どうしてこんな単純で召使いのような仕事に時間を費やさなければならないのですか」。ミスター・ミヤギはヤスリがけをしていたダニエルを立たせると、この若者に向かって「ワックス・オン、ワックス・オフ」と叫びながらジャブを繰り出し始めるのである。ダニエルは何時間も車にワックスがけをしたことで身につけた旋回運動ですべてのジャブをかわす。次に、ミスター・ミヤギは「フェンスにペンキを塗れ」と叫びながらパンチを繰り出す。またしてもダニエルは、今回はフェンスのペンキ塗り同様の上下運動でパンチをかわしてしまう。そして、これまたミスター・ミヤギの空手キックはダニエルの優れた床のヤスリがけの力で止められてしまうのである。

実際に、これら幾つかの基本的なテクニックを学ぶことで、ダニエルは無意識のうちに空手の達人になっていたのである。いまや観客はこの素晴らしい映画のなかでは進んで不信感など停止させてしまうのである。言い換えれば、この映画でダニエルを演じたラルフ・マッチオが暗い小道での護身のために、このワックスの技を用いることなど実際にはあり得ないことをわれわれは知っている。現実の世界なら、ワックスを一塗りする前にマッチオは頭部を殴られ、無様に倒れることであろう。しかし、映画のなかにおけるかぎり、われわれはミスター・ミヤギの簡単な指導方法が驚くほど効果を上げ得ると信じることをいとわないのである。

ここで私も、少しばかりの不信感を一時的に停止していただくよう読者にお願いしなければならないだろう。それは読者が学ぼうとしていることが無意味だからではない。むしろ、本章の二つのコンセプトは極めて単純明快である。これら二つのコンセプトは極めて基本的なことであるから、それほど単純なことが読者を株式市場の達人ならしめることができると信じるのは難しいだろう。しかし、細心の注意を払ってほしい。読者があとで頭部を殴られずに済むことを私は約束する。

本書の物語のヒーローであるジェイソンが最後に登場したとき、彼はわれわれに刺激的な提案をじっくり考えるよう求めた。彼の提案は単純なものである。

彼のとてもうまくいっているガムのチェーン店、ジェイソンズ・ガム・ショップの一部を買いたくはないかというものである（読者は一部欲しいだろう、一部欲しいことは分かっているだろう）。しかし、ジェイソンが自分の会社の一部をわれわれに売却したいと思っているほど、彼の提案に答えることは単純な話ではなかったのである。

ジェイソンがわれわれに提供した損益計算書を見ると、ジェイソンが所有するガムのチェーン店一〇店舗が昨年、驚くべき数字だが一二〇万ドルを稼いだことが分かる。ジェイソンは彼の会社を一〇〇万株に等分していたので、われわれは、一株が一ドル二〇セント（一二〇万ドルを一〇〇万株で割る）の利益を得る権利を保持するとの結論に達した。ジェイソンが提案した一株一二ドルという価格において、昨年の利益を基準とするとジェイソンズ・ガム・ショップは一二ドルで取得した株式に一〇％（一ドル二〇セントを一二ドルで割ると一〇％）の収益をもたらしたということになる。

その年の一株当たり利益を株価で割って求めたこの一〇％という収益率は**利回り**として知られている。そして、ジェイソンの会社への投資から得られる一〇％の利回りと一〇年物財務省債券への投資からリスクなしで得られる六％

とを比較した。われわれは、投資から得られる年間一〇%の収益よりも良いとの結論に容易に達したのである。もちろん、この分析は単純であるけれども、一連の問題があることも確認した。

第一に、ジェイソンズ・ガム・ショップは昨年一株一ドル二〇セントの利益を上げた。しかし、翌年の利益はまったく異なるものとなるかもしれない。翌年のジェイソンの会社の利益が一ドル二〇セントに満たないものであれば、われわれは投資から一〇%の収益を上げることができず、おそらくは財務省債券から確実に六%を得るほうが良いであろう。

第二に、ジェイソンの会社が翌年一株当たり一ドル二〇セントもしくはそれ以上の利益を上げたとしても、それは単年の話にすぎない。ジェイソンズ・ガム・ショップが将来どれだけの利益を上げるかを、どのように知ることができるのだろうか。一ドル二〇セントを大幅に上回ることもあり得るが、下回る可能性もあり、そうなれば財務省債券からリスクなしで得られる六%を大幅に下回る利回りしか上げられないかもしれないのである。最後に、将来の利益についてわれわれが何らかの意見を持っていたとしても、われわれの予測が正しいということにどのようにして自信を持つことができるだろうか。

要するに、われわれが直面する問題のすべては次の一言に要約できるだろう。将来を予測することは難しい。企業が生み出す将来の利益を予測することができなければ、その企業の価値を計ることは難しい。企業の価値を計ることができなければ、たとえミスター・マーケットが時におかしくなり、信じられないくらい割安な価格を提示しても、そのことを認識することができないだろう。しかし、分からないことばかりに注力しているよりも、分かっている幾つかのことについて話を進めよう。

すでに論じたように、ジェイソンズ・ガム・ショップは昨年一株当たり一ドル二〇セントの利益を上げた。株価が一二ドルとすると、利回りは一ドル二〇セント割る一二ドルで一〇%となる。ここまではたやすい。しかし、ジェイソンズ・ガム・ショップが昨年一株当たり二ドル四〇セントの利益を上げていたとしたらどうだろうか。そのとき、利回りはどうなるのだろうか。二ドル四〇セント割る一二ドルで二〇%となる。それゆえ、ジェイソンズ・ガム・ショップが昨年一株当たり二ドル四〇セントの利益を上げ、株価が一二ドルであったとすれば、利回りは二〇%となるであろう。もし、ジェイソンズ・ガム・ショップスが昨年一株当たり三ドル六〇セントの利益を上げ、株価が一二ドルであたとすれば、利回りは三〇％にもなるだろう。難しい話ではない。

さて、本章の要点はたった二つであり、次の質問が、読者がそのひとつを理解しているかどうかを決することになるので、しっかりと注意を払っていただきたい。すべての条件を同じとして、読者がジェイソンズ・ガム・ショップの株式を一二ドルで取得することができるとしたら、上述のどの利益が好ましいであろうか。ジェイソンズ・ガム・ショップが昨年上げた利益として一株一ドル二〇セントが好ましいだろうか、二ドル四〇セントが好ましいだろうか、それとも三ドル六〇セントが好ましいだろうか。言い換えるならば、昨年の利益を用いて計算した利回りとして一〇％が好ましいか、二〇％か、それとも三〇％が好ましいだろうか。ドラムロール、スタート。もし読者が二〇％や一〇％よりも三〇％のほうが明らかに良いと答えたならば、それは正しいであろう。そして次のことが重要であるが、読者はより高い利回りを求めるであろうし、読者が支払った価格に対してより多くの利益を上げる企業を求めるだろう。ワックスをかけろ。

では、次はそれほど難しくないが本章の二つ目の要点であり、第一の要点とは少々異なる点に焦点を当てる（さもなければ、私は同じことを二回述べることになり、それはまさに読者の時間を無駄遣いすることになる。カッコ書きで挿入する以外はけっしてやらないことである）。価格に関する第一の要点は、購入価格に対していくらの利益を受け取るかということである。言い換えれば、購入価格は割安かそうではないか、ということである。しかし、価格よりも企業それ自体の性質について把握したいとも思うであろう。要するにわれわれは良い企業を買っているのか、悪い企業を買っているのかということである。

もちろん、企業の良し悪しを決する方法はたくさんある。数あるなかでも、われわれは、製品やサービスの質、顧客のロイヤリティ、ブランドの価値、経営の効率性、経営陣の能力、競合他社の強さや事業そのものの長期的展望などを見ることができる。これらの基準のどれもが、それひとつであろうと幾つかを組み合わせようと、われわれが購入している企業が良いか悪いかを判断するのに役立つのは明らかではないだろうか。これらの評価方法のすべてにおいて、推測や推定、または予測が含まれてもいる。すでにご承知のとおり、それらは極めて難しいことである。

だからこそ、ここで再びわれわれがすでに分かっていることを第一に検討することが理にかなっているであろう。実際に予測は一切行わないこととしよう。

その代わりに、昨年起こったことだけを見ていこう。例えば、ジェイソンがガムショップをひとつ建てるに当たって在庫や店の装飾などを含めて四〇万ドルの費用がかかっており、それらの店が昨年それぞれ二〇万ドル稼いだとしたらどうだろうか。これが意味するところは、少なくとも昨年の業績に基づくとジェイソンズ・ガム・ショップの典型的な店舗ではたった四〇万ドルの初期投資から毎年二〇万ドルを稼いでいるということである。つまりこれは、ガムショップを開店する初期費用に対して年間五〇％（二〇万ドルを四〇万ドルで割る）の収益があるということである。この結果はしばしば五〇％の資本収益率（return on capital）と表現される。その他のことがよく分からないとしても、四〇万ドルの建設費用をかけた店舗から毎年二〇万ドルの利益が上がるとしたら、すこぶる良い事業のように聞こえる。しかし、大したことはないが、次のような難しい点もある。

ジェイソンにはジンボという名の友人がいて、彼もチェーン店を所有していたとしたらどうだろうか。もし読者にジンボのチェーン店、ジャスト・ブロッコリー（Just Broccoli）の一部を取得するチャンスがあったとしたら、どうだろうか。ジンボが新たに店を建てるのにも四〇万ドルの費用がかかるが、それらの店舗から昨年は一万ドルしか利益が上がらなかったとしたら、どうだろうか。四〇万ドルの建設費用をかけた店舗から一年に一万ドルの利益が上がるということは一年の収益率がたった二・五％、言い換えれば二・五％の資本収益率ということである。

そこで次の難しい疑問が出てくる。どちらの事業がより良いと思えるだろうか。四〇万ドルの建設費用をかけて昨年それぞれの店舗が二〇万ドルの利益を上げたジェイソンズ・ガム・ショップか、同様に四〇万ドルの建設費用をかけて昨年それぞれの店舗が一万ドルの利益を上げたジャスト・ブロッコリーか。言い換えれば、五〇％の資本収益率をもたらす事業と二・五％の資本収益率をもたらす事業、どちらがより良いと思えるだろうか。

もちろん、答えは明白であり、それこそが第二の要点である。読者はより高い資本収益率をもたらす事業を所有したいと思うであろう。ワックスをかけろ（フェンスのペンキ塗りをしろ、何でもよいからヤスリがけをしろ――ジンボがすべきことを理解するために、章末のコラムを確認してほしい）。

さて、最後の仕上げである。読者は本章を信じることが難しくなるであろうと、私が述べたことを覚えているだろうか。この二つの簡単な道具を用いるだけで、読者は実際に「株式市場の達人」になれるのだろうか。信用してほしい。読者は株式市場の達人である。

では、どのようにして達人になれるのだろうか。次章で見るとおり、**高い資本収益率をもたらす優れた企業を取得すること、そしてそれらの企業を高い利回りをもたらすような割安な価格で取得することに専念すれば、読者は自動的におかしなミスター・マーケットが文字どおりタダでくれようとしている優れた企業をたくさん取得できることとなるだろう。**読者は、私が知っている最も優秀なプロを含めて最高の投資専門家をも容赦なくたたきのめせるような投資収益を得ることができるだろう。読者は一流の教授陣が提唱する理論やいかなる学術研究に基づくよりも優れた収益を上げることができるだろう。実際に、読者は株式市場から得られる年間収益率を二倍にも三倍にもできるだろう。

しかし、それだけではない。読者はこのことを自分の力でできるのである。ほとんどリスクを負うことなく成し遂げられる。いかなる予測を立てることなく成し遂げられる。本章で学んだ二つの基本的なコンセプトを用いた簡単な公式に従うだけでよいのである。読者は今後の人生を通じて取り組むことができるのである。そして、このことが本当に機能すると確信するまで取り組まないということもできるのである。
信じ難いだろうか。それを証明するのが私の仕事である。読者は本書を読み、この簡単は方法が実際に機能する唯一の理由はそれが完璧に理にかなっているからであることを理解するだけである。では手始めに、いつもどおり要点をまとめよう。

一．企業の株式を購入するときに支払うのは**割引価格**であるのがよい。そうするためのひとつの方法は、読者が支払う価格に対してより多くの利益をもたらす企業を取得することである。言い換えれば、**利回り**は高いほうが良いということである。

二．優れた企業の株式を購入するのは、悪い企業の株式を購入するよりも良いことである。そうするためのひとつの方法は、資金を低い収益率しか上げられないところに投資することしかできない企業ではなく、高い収益率を得られるところに投資をしている企業の株式を取得することである。言い換えれば、高い資本収益率を上げている企業は低い資本収益率しか上げられない企業よりも優れているということである。

三．一と二の要点を組み合わせて、**優れた**企業を**割引価格**で取得することがたくさんのお金を稼ぐ秘訣である。

そして、最も重要なことは、

四．ジンボという名前の連中にお金をあげないことである。

実際に、ジンボがジャスト・ブロッコリーの店舗が今後数年間にもっと多くのお金を稼ぐ見通しを立てられないかぎり（明らかに将来に対する予測を含んだ仮定ではあるが）、ジンボの会社はかなりひどいものであり、彼がジャスト・ブロッコリーの店舗を建築すべきでないことは明白である。もし彼に、投資額に対して毎年たった二・五％の収益しか上がらないが四〇万ドルを投じて新たな店舗を建設するか、もしくはリスクなしで六％

の収益をもたらす財務省債券を購入するかという選択肢があったとしたら、第一に店舗を建築する趣旨は何なのだろうか。ジャスト・グロッコリーを開店することで、ジンボは実際のところお金を捨てているのである（確かに彼は新たな店舗に投資することで二・五％の収益を上げているように見えるが、実際には無リスクの財務省債券を購入しさえすれば得られたであろう追加の三・五％を捨てているのである）。

第6章

　さて、ついに**魔法の公式**を説明する準備が整った。もちろん、読者はいまだにそれがうまく機能しない、難しすぎる、または魔法の公式が存在すると主張する本にも誤りがあると思っているかもしれない。しかし、もし読者の気休めになるのであれば、投資の世界で最も尊敬され、最も影響力のある先駆者であり、われわれにミスター・マーケットと安全域というコンセプトを紹介したあの偉大なるベンジャミン・グレアムですら、彼独自の魔法の公式を著し、また利用していたことを紹介しよう。よろしい、確かに彼はそうは呼んでいなかった（彼には威厳があったのである）。

　しかし、グレアムはほとんどの個人投

資家、そしてプロの投資家でさえ、なかなか独力で予測を立て、企業を評価し、そして投資をするのに必要となるだけの分析を行うことができずにいると感じていた。グレアムは、理にかなっており、過去に非常にうまく機能した簡単な公式を教えることで、個人投資家が高い安全性を持って優れた投資結果を得ることができるようになるだろうと考えたのである。

グレアムの公式のなかには、株価が極めて低く、その事業を止め、企業の資産を処分することで得られる資金よりも**取得価額**のほうが低い企業を取得するというのがある（彼はこのような株式を**割安株、正味流動資産株、清算価値**で売られている株式などさまざまな名称で呼んだ）。グレアムは、彼の公式の厳しい条件を満たすほど株価が低い二〇～三〇の企業群を取得することができれば、それ以上詳細に分析しなくても、非常に満足行く結果を得ることは「**バカバカしいほど簡単なこと**」であると述べている。実際にグレアムはこの公式を用いて三〇年以上にわたり素晴らしい成功を収めてきたのである。

しかし、残念ながらこの公式は多くの株式の価格が低い期間に考案されたものである。一九二九年の株式市場の崩壊とそれに続く大恐慌後の数十年間、株式投資は極めてリスクの高い事業であると考えられていた。それゆえ、大部分の投資家は再び資金を失うことを恐れて株式を重視しようとしなかったのである。グレアムの公式は何年間も、とりわけ株価が特に低迷している期間にも機能し続けたのではあるが、今日の市場において、グレアムが当初考案した公式の厳しい要件を満たす株式はほとんど存在しない。

しかし、それはそれでよい。何年にもわたってこの公式を首尾よく利用することで、グレアムは明らかに安い株式を見つけるための単純なシステムが、結局は安全でかつ継続的して優れた収益をもたらす投資につながることを示したのである。もしミスター・マーケットがグレアムの厳しい要件を満たすほど低い価格で彼に一連の株式を売却しようとしていたならば、彼は概して割安株のバスケットを保有することになると考えたのである。もちろん、それらの株式のなかには正当な理由で低い価格が付けられているものもあっただろう。将来の見通しが悪いがために安い株価がふさわしい企業もある。

しかし、グレアムは彼の公式に基づいて取得した株式は、概してミスター・マーケットが無分別に安い価格で譲渡している結果として作られた割安株であると考えたのである。これらの一連の割安株を取得することで、投資家は幾つかの誤った選択を心配することも、個別株の複雑な分析をすることもなく、安全に高い収益を得ることができると提案したのである。

もちろん、それは残されたわれわれにとってはチャレンジである。低いリスクで市場平均を上回ることができる新たな公式を考案することができるだろうか。今日の市場において機能するだけでなく、市場全体の水準にかかわらず遠い将来にも応用が利くような公式を見いだすことができるだろうか。ご想像どおり、われわれはできる。実のところ読者はすでにそれが何であるか知っているのである。

前章において、すべての条件を同じとして、取得価格に比して高い収益を上げる利回りの高い株式を取得するか、取得価格に比して低い収益しか上げられない利回りの低い株式を取得するかを選択するならば、利回りの高い株式を選択したほうがよいということを学んだ。また、すべての条件を同じとして、資本収益率（return on capital）の高い企業（店舗や工場の建設費に対して高い収益を上げている企業）の株式を取得するか、資本収益率の低い企業（ジャスト・ブロッコリーのように店舗や工場の建設費に対して非常に低い収益しか上げられない企業）の株式を取得するかを選択するならば、資本収益率の高い企業を選択したほうがよい。

さて、ここで問題。単純に利回りが高く、かつ資本収益率が高い企業の株式だけを取得するとしたら、どのようなことが起こるであろうか。言い換えれば、**資本収益率の高い優れた企業の株式を、高い利回りをもたらすような割安な価格で取得できるときにだけその株式を購入するとしたら、どのようなことが起こるだろうか。**何が起こるのだろうか。それでは答えよう。**たくさんをお金を稼ぐことができるのである**（もしくは、グレアム風に表現すると、**かなり満足の行く**利益を上げることができる）。

しかし、このような単純明快なことが現実世界において実際に役に立つのであろうか。では、この疑問に答えるためには、過去にさかのぼり**優れた企業を割引価格で**取得するという厳格な戦略がいかに機能してきたかを見てみることが論理的な第一歩となるだろう。そして、次の単純で常識的な投資戦略は実際に極めてうまく機能することが実証されるのである。

過去一七年間にわたって、資本収益率と利回りとが高い、最高の組み合わせを持つ株式三〇銘柄ほどから構成されるポートフォリオを保有することで、年におよそ**三〇・八％**の収益がもたらされた。この収益率での投資を一七年間行ったとすると、**最初に投じた一万一〇〇〇ドルは一〇〇万ドルを大幅に上回る**

まで増大するのである（魔法の公式の研究でわれわれが利用した特別なデータベース、コンピュスタットの「Point in Time」データベースには全一七年間のデータが含まれている。コンピュスタットの顧客はいかなる株式でもそれを取得した時点の正確な情報を得ることができる。年間三〇・八％で一七年間運用すると、一万一〇〇〇ドルは税金および取引費用を差し引く前で九六倍以上の一〇五万六〇〇〇ドルにもなる）。もちろん、これが大して大きな収益だとは思わない人もいるであろうが、そのような人々は基本的にアホである。

この一七年間における市場全体の平均収益率はおよそ年一二・三％であった。この収益率では当初投じた**一万一〇〇〇ドルがなんと七万九〇〇〇ドルにもなる。**これは確かに大きいが、一〇〇万ドルの比ではない。しかも読者がこの一〇〇万ドルを手にするために負ったリスクは市場全体に投資したときのそれよりも大幅に小さいのである。このことについては後ほど述べよう。

では、魔法の公式がどのようにして導かれるかを見ていこう。そうすることで、われわれはなぜそのような単純な公式が機能し、また将来にわたって機能し続けるのかを理解し始めることができる。後に、今日勝てる投資先を見つけるために魔法の公式をどのように利用すべきかを徐々にではあるが学んでいこう。

しかし、仕組みが重要なのではないことを肝に銘じなければならない。それらの作業のほとんどはコンピューターがやってくれるだろう。第1章で見たとおり、魔法の公式が長期にわたって読者の役に立つものとなるかどうかは、魔法の公式の論理全体を読者が信用できるかどうかにかかっている。では、魔法の公式がどのようにして株価の割安な優れた企業を選択するかを理解するよう努めてみよう。

公式を構築するには、米国の主要な株式市場のひとつにおいて取引されている最大三五〇〇社のリストを手にすることから始まる（この検証の詳細は付録で説明している——特定の金融株と電力株はわれわれが検証する株式群から除外している）。次にそれらの企業を資本収益率に基づき一から三五〇〇までランク付けする。最も高い資本収益率を誇る企業が第一位にランク付けされ、資本収益率の最も低い（おそらくは実際に損失を出している）企業が三五〇〇位となる。同様に二三二一番目に高い資本収益率を誇る企業は二三二一位となる。

次に、公式を構築するために同じ手続きを取ることになる。しかし、今回は利回りを用いてランク付けを行う。最も利回りの高い企業が第一位にランク付けされ、利回りの最も低い企業が三五〇〇位となる。同様に、リストに挙げられている三五〇〇社のうち一五三番目に高い利回りをもたらす企業が一五三位となる。

最後に、これらのランキングを組み合わせる。資本収益率の最も高い、もしくは利回りの最も高い企業を探すことがこの公式の目的ではない。むしろ、この**二つの要素の組み合わせとして最も優れた企業を探すことが目的**である。そこで、資本収益率において二三二位にランク付けされ、利回りについては一五三位とされた企業には二三二と一五三を足した三八五という合成ランクが付けられることになる。資本収益率については第一位とされながらも、利回りについては一一五〇位にすぎない企業は、一一五〇足す一で合成ランク一一五一位ということになる（合成ランクの高いほうが良いのであるから、三八五位のほうである）。

数字が得意でないとしても心配しなくてよい。最も良い合成ランクが付けられた企業は、二つの要素の組み合わせとして最も良い企業であるということを覚えておけばよい。この制度においては、資本収益率について二三二位となった企業が利回りで第一位にランク付けされた企業よりも高いランクを獲得し得る。なぜか。われわれは資本収益率について二三二位（三五〇〇社のなかでは優れたランキングである）の企業を非常に高い利回り（三五〇〇社中一五三番目）をもたらし得るだけの低い価格で取得することが可能だからである。この制度においては、それぞれトップランクではなくとも、双方の分野で優れたランクを得ることがひとつの分野では第一位であるが、もうひとつの分野においてはほどほどであることよりも望ましいのである。

極めて単純ではないだろうか。しかしこれほど簡単でよいのだろうか。高位にランク付けされた株式三〇銘柄から構成されるポートフォリオを保有するだけでそれほど優れた投資結果を得られるのだろうか。では次のことを検討してみよう。**表6－1**には、魔法の公式に単純に従った場合に過去一七年間で上げられたであろう収益率が掲げられている。

おぉ、これはあり得ないことである。結果はすこぶる良いものである。確かに、この表には誤りがあるかもしれない。これらの結果を慎重に検討してみる必要があるだろう。しかし、それは次章に譲ろう。ここでは、要点を見直し、今しばらく魔法の公式を用いることで得られた結果を楽しもう。**非常に満足のいく**ものであろう。

表6－1　魔法の公式の業績

	魔法の公式	市場平均*	S&P500
1988	27.1%	24.8%	16.6%
1989	44.6	18.0	31.7
1990	1.7	−16.1	−3.1
1991	70.6	45.6	30.5
1992	32.4	11.4	7.6
1993	17.2	15.9	10.1
1994	22.0	−4.5	1.3
1995	34.0	29.1	37.6
1996	17.3	14.9	23.0
1997	40.4	16.8	33.4
1998	25.5	2.0	28.6
1999	53.0	36.1	21.0
2000	7.9	−16.8	−9.1
2001	69.6	11.5	−11.9
2002	−4.0	−24.2	−22.1
2003	79.9	68.8	28.7
2004	19.3	17.8	10.9
	30.8%	**12.3%**	**12.4%**

*「市場平均」収益率とは、われわれが検証した3500銘柄を均等加重した指標のことである。指標に含まれるすべての銘柄が指標に等しく影響をもたらすことになる。S&P500は500の大会社の時価総額加重平均指数である。時価総額の大きいより大型の銘柄はより小型の銘柄よりも重きをなす。

要点

一．ベンジャミン・グレアムは「魔法の公式」を持っていた。彼は、自分の公式の厳しい要件を満たすことのできる株式を購入すれば、概してその株式はミスター・マーケットが無分別なほどの安値で手放そうとしている掘り出し物である可能性が高いということを理解していたのである。

二．今日、グレアムが示したような厳しい要件を満たす企業はほとんどない。

三．われわれは、**株価の割安な優れた企業を探し出す**ための公式として、新たに魔法の公式を構築した。

四．新しい公式は機能するであろう。そして実際に、非常にうまく機能しているようである。

五．魔法の公式に手持ちをお金をすべてつぎ込む前に、魔法の公式がもたらす結果をもっと注意深く検討しなければならないだろう。

第7章

「われわれの知らないことがわれわれを困難に巻き込むのではない。われわれは知らないということを知っていることが、われわれを困難に巻き込まないのである」と一九世紀の新聞のコラムニストであるアーテムス・ウォードは述べている。そして、一言で言えば、これこそがわれわれの問題である。魔法の公式は機能するようである。実際に、結果は議論の余地がないほど素晴らしいものである。もちろん、魔法の公式が機能すればよいと考えている。そのすべてを試して、たくさんのお金を稼ぎたいとだれもが思うであろう。

しかし、魔法の公式は本当に機能するのであろうか。確かにすべての数字は一見良いものであるが、それらがどこから来た数字なのかを知っているだろうか（もしくは、ついでながら何に付随したものであろうか）。さらに重要なことは、われわれはそれらの数字がどこにあるか知っているだろうか。たとえ過去に公式が機能したとしても、それは「過去の戦争の戦い」方を学んでいるにすぎないのではないだろうか。公式は将来も機能し続けるのだろうか。確かに良い質問である。前章で学んだことから多大な困難に巻き込まれる前に、良い回答を得られるかどうかみてみよう。

まずそれらの数字がどこから来ていたかである。過去に成し遂げたことを振り返り、そのことについてあれこれ推測するのはたいてい困難なことである。コンピューターの銘柄選択公式が見事な架空の収益を生み出してきたようだからといっても、現実の世界でもう一度それらの結果を出すことは非常に難しい。

例を挙げれば、魔法の公式が、実際にはだれも買うことができないほど小さな企業を選択しているかもしれない。小さな企業では取得できる株式がほとんどないことが多く、それらの株式を少しでも取得しようとすると株価が跳ね上がってしまいかねないのである。その場合、机上では公式が優れたものに見えても、その素晴らしい結果を現実の世界で再び出すことはできないのである。

それゆえ重要なことは、魔法の公式が選択すべき企業はかなり大きなものとなるということである。

第6章において、魔法の公式は米国の主要な株式市場で取引可能な大企業三五〇〇社をランク付けした。そして公式はその一群からお気に入りの銘柄を選択したのである。それら三五〇〇社のうち最も小さい企業でさえ、株式数に株価をかけた時価総額は五〇〇〇万ドルを上回っていた（詳細は付録を参照）。その程度の規模の企業であれば、個人投資家は株価をつり上げることなく、十分な数の株式を取得することができるであろう。

では、少しでも要求水準を上げたらどうなるか見てみよう。魔法の公式が大企業にも小さな企業にも当てはまるのであればよい。それであれば、優れた企業を割引価格で取得するという基本原則があらゆる規模の企業に適用できると自信を持つことができる。そこで三五〇〇社の大企業から選択するのではなく、規模の面で上位二五〇〇社の企業を見ていこう。この一群のうち最も小さい企業でも時価総額は少なくとも二億ドルある。

二〇〇四年一二月までの一七年にわたり、魔法の公式はこのより大きな企業群においても極めてよく機能したのである。魔法の公式が選択した三〇銘柄の株式からなるポートフォリオを保有することで年間二三・七％の収益を上げることができたであろう。これら二五〇〇社が同時期の株式市場においてもたらした平均的収益は年間一二・四％であった。言い換えれば、魔法の公式は実に市場の平均年間収益率の二倍の収益をもたらしたのである。

では、もう一歩進んだらどうだろうか。候補となる企業を時価総額が一〇億ドル以上の企業一〇〇〇社だけに絞った場合どうなるか見てみよう。ミューチュアルファンドや巨大な年金基金のような巨大機関投資家でもそれらの株式を取得することができる。では、結果を見てみよう（**表7－1**参照）。

またしても、最大規模の投資家でさえ単純に魔法の公式に従うだけで市場の年間複利収益の二倍の収益を上げることができるようである。しかし、落とし穴があるに違いない。なぜならあまりに簡単すぎるからである。もちろん、まだ幾つかの問題は残るであろう。机上では機能する魔法の公式が、現実世界では機能しないという問題だけではないということである。

よろしい。魔法の公式が選択した企業が小さすぎて投資家が取得することができないということはない。では、次の問題はどうだろうか。魔法の公式がいつくかの優れた企業を選択したのは幸運にすぎず、それゆえ全体の平均が良く

表7－1　魔法の公式の業績（時価総額上位1000社）

	魔法の公式	市場平均*	S&P500
1988	29.4%	19.6%	16.6%
1989	30.0	27.6	31.7
1990	−6.0	−7.1	−3.1
1991	51.5	34.4	30.5
1992	16.4	10.3	7.6
1993	0.5	14.4	10.1
1994	15.3	0.5	1.3
1995	55.9	31.4	37.6
1996	37.4	16.2	23.0
1997	41.0	19.6	33.4
1998	32.6	9.9	28.6
1999	14.4	35.1	21.0
2000	12.8	−14.5	−9.1
2001	38.2	−9.2	−11.9
2002	−25.3	−22.7	−22.1
2003	50.5	41.4	28.7
2004	27.6	17.3	10.9
	22.9%	**11.7%**	**12.4%**

＊「市場平均」収益率とは、われわれが検証した3500銘柄を均等加重した指標のことである。指標に含まれるすべての銘柄が指標に等しく影響をもたらすことになる。S&P500は500の大会社の時価総額加重平均指数である。

見えただけではないだろうか。魔法の公式の運が続かないのであれば、過去の結果を当てにすることは非常に危険である。しかし、幸運にもすべての要因のうち運が占める割合はそれほど多くはなさそうである。

検証した一七年間を通じて、われわれはおよそ三〇銘柄のポートフォリオを保有した。選択した株式すべてを一年間だけ保有した（詳細は付録を参照）。時価総額上位三五〇〇、二五〇〇、そして一〇〇〇社とすべての検証を通じて合計一五〇〇銘柄以上の株式を選択した。すべての検証を組み合わせれば、魔法の公式が選択した四五〇〇銘柄以上の異なる株式の結果である。それゆえ、運が主要な要因であったと主張することは極めて難しい。しかし、ほかにも何か問題があるに違いない。そうではなかろうか。

次の問題はどうだろうか。魔法の公式が、ミスター・マーケットが割引価格で「譲渡」することに決めた三〇社の優れた企業を見つけることができるのは素晴らしいことであるが、それが不可能であったらどうだろうか。そのようなめったにない割引価格で取得できる機会が何らかの理由でなくなってしまったら、どうだろうか。ミスター・マーケットが少しばかり賢くなり、そのような信じられない割引価格を提示するのをやめてしまったらどうだろうか。そうなったら、まさに不幸である。だからこそ、もう少し検証を試みよう。

時価総額上位二五〇〇社から始めて、もう一度魔法の公式を使ってこれらの企業をランク付けしてみたらどうだろうか。言い換えれば、一位から二五〇〇位へと最も優れた企業から最悪な企業へとランク付けしたらどうだろうか。魔法の公式は、資本収益率（return on capital）と利回りとが高い最高の組み合わせを持つ企業を探すためのものである。それゆえ、優れた事業を行い、割引価格で取得できる企業が第一位により近づくことになり、損失を出し、株価の割高な企業は二五〇〇位に近づくことになる。

では、これらの二五〇〇社をランキングに従って一〇グループに分けてみたらどうだろうか。言い換えれば、グループ一には魔法の公式によって株価が割安な優れた企業とみなされた二五〇社が含まれ、グループ二には次に高くランク付けされている二五〇社が、グループ三にはその次にランク付けされている企業群が含まれる。それゆえ、グループ一〇は魔法の公式が粗末で割高な企業と位置付けた二五〇の銘柄群ということになる。

では、一七年間毎月同じように処理したらどうなるだろうか。およそ二五〇社からなるこれら銘柄群のポートフォリオをそれぞれ一年間保有し、その収益

表7－2　年率換算収益率(1988～2004年)

グループ1	17.9%
グループ2	15.6
グループ3	14.8
グループ4	14.2
グループ5	14.1
グループ6	12.7
グループ7	11.3
グループ8	10.1
グループ9	5.2
グループ10	2.5

率を算出したらどうだろうか。では、**表7－2**を見てみよう。

おや、これは面白い。魔法の公式は三〇銘柄の株式にだけ機能するのではない、順を追って機能するようである。最も高くランク付けされた株式群は最も高い結果を出し、以下ランキングが下がるごとに、収益率も下がっている。グループ一はグループ二を上回り、グループ二はグループ三を、グループ三はグループ四をと、グループ一からグループ一〇まで順を追って低下するのである。最も高くランク付けされたグループ一の銘柄群は最もランクの低いグループ一〇の銘柄群を年に一五％上回る収益率を上げている。

実際に、魔法の公式はまるで将来を予言できるかのようである。一連の企業が魔法の公式によってどのようにランク付けされるかを知っていれば、そのグループに将来投資した場合、平均してどの程度優れた結果がもたらされるかを相当程度予想することができる。それはまた、何らかの理由で魔法の公式がランク付けしたトップ三〇銘柄の株式を買うことができないとしても大した問題ではないということである。次にランク付けされている三〇銘柄を取得すれば、かなり優れた結果を出すことができるだろう。そうであれば、次の三〇銘柄を買えばよいのである。実際に、トップにランク付けされている銘柄群は優れた結果をもたらしているようである。

これはまた、われわれが直面し得る別の問題をも解決するであろう。ベンジャミン・グレアムがどのようにして彼独自の「魔法の公式」を手にしたか覚えているだろうか。グレアムの公式が求める厳しい要件を満たす銘柄群を取得することは、お金を稼ぐための優れた方法となる。

しかし、残念なことに今日の株式市場においては、グレアムの本来の公式のもとで取得すべき銘柄とされ得る企業は、たとえ存在したとしてもその数は限りなく少ない。つまり、グレアムの公式はかつてほど有益なものではないということである。

　だが幸運にもわれわれわれの公式には、そのような問題はないようである。われわれの公式は単なるランク付けの公式でしかない。当然のことながら、常にトップにランク付けされる銘柄群が存在する。それだけでなく、公式は順を追って機能するので、トップ三〇銘柄の株式に限定されることはない。トップにランク付けされるすべての銘柄群が優れた結果を出すのであるから、選択可能な優れた結果を出す株式は常に多く存在するのである。

　直接参加することなく様子眺めをしている読者にとっても、魔法の公式がよく見えるであろう。そうでしょう。この「株式を順にランク付けする」ということは、まぁ恐ろしいことである。魔法の公式が本当に機能するのかどうかをあれこれ議論するのはよいが、その論戦の勝者はかなり明らかである。だれかが傷つく前に争いは今すぐやめるべきではないだろうか。

　残念ながら、そううまくはいかない。確かにこの証拠にはかなりの説得力がある。しかし、あくまでも魔法の公式は過去において機能したということにすぎない。ではどのようにして、魔法の公式が将来も機能し続けることを知り得るだろうか。それにしても、私が元気にベラベラと述べたというのに、どうしてだれも魔法の公式を使い始めないのだろうか。そうなれば、すべてが台無しになるのだろうか。

では、要点を見たあとで、ですね。

一．魔法の公式は大小いずれの企業にも適用できる

二．魔法の公式は広範囲にわたって検証された。大きな収益を上げられるかどうは運の問題ではなさそうである

三．魔法の公式は株式を順を追ってランク付けする。結果として、高いランクを付された選択可能な株式は常に多く存在する。魔法の公式は、一連の株式が将来どのような結果を出すのかを信じられないほど正確に指し示す。

四．次章において、魔法の公式がそのような優れた結果を出し続けることができるかどうかを検討する（良い結果が得られるに違いない）。

第8章

認めよう。私の歴史に関する知識はいささかいい加減である（しかし、ボブ・ニューハートの古いコメディについてはよく知っている）。もう少し授業をきちんと聞いていれば良かったのだろう。しかし、われわれの歴史にはいつも私を困惑させる一面がある。私はわれわれがどのようにして独立戦争に勝利したのかまったく理解できない。一三の小さな植民地が世界最強の国を相手に立ち上がったのである。イギリスは最高の海軍、最強の陸軍、そして世界の資金のほとんどを所有していたが、度胸だけはある米国の弱小軍隊は勝利を引き寄せたのである。どうしてそのようなことが起きたのだろうか。私にはひとつの説がある。私の限られた知識では、その説が幅広く検証されたかどうかは分からないが、考えるに米国は大勢の雑魚と戦っていたから勝利を収めることができたのであろう。

つまり、イギリスの戦略には物足りなさが残るのである。一方では、ことあろうに真っ赤なコートを着て、一列に整列して平野に立ち尽くし、一斉に銃を撃つ。きっと壮観であったであろう。その一方で、米国のごちゃごちゃの汚い田舎兵士たちは岩や木の影に隠れて、好都合なことに整列した鮮やかな赤い標的の一団を返り討ちにしたのである。勝たないわけがない。

しかし、ここで私には理解できないことがある。イギリスがこのような戦い方をしたのはそれが初めてではないと思われる。言い換えれば、私の考えにもかかわらず、イギリスの戦い方は過去においては実際に機能したはずである。私の唯一の疑問は、それがどのように機能したか、ということである。

そして、おそらくイギリスは何百年にもわたってそのようにしてきたし、その戦略が私にとって理にかなっているものであろうとなかろうと、多くの成功を収めてきたことは明らかである。しかし、過去においてうまく機能したものと同じ戦略に従うことが、ゆくゆくは優れた戦略とはならないことは明らかである。イギリスはそれを身をもって知ったのである。

では、われわれについてはどうだろうか。われわれは優れていると思われる戦略を携えて行進を始めようとしている。われわれには魔法の公式があり、それはこれまでに素晴らしい結果を生み出してきた。それを用いることで将来にも多くの成功を収めることを期待している。しかし、われわれすべてがお金を集める準備をする前に、一度立ち止まり、ひとつの明白な問題点について検討するのがよい。どのようにしたらわれわれの戦略は、すべての人々がそれを知ってしまったあとでも機能し続けることができるのだろうか。優れた回答を出すことができなければ、イギリスと同じように格好のカモとなってしまうだろう。

では、最初にとても良い知らせがある。改めて見てみると、魔法の公式がまったく機能しない時期がかなりある。これは素晴らしいことではないだろうか。実際に、平均すると年に五カ月ほどは、魔法の公式に基づいて組成したポートフォリオが市場全体の業績を下回るのである。しかし、それは忘れたほうがよい。魔法の公式が一年間、もしくはそれ以上にわたって機能しないこともしばしばある。これはさらに素晴らしいことである。

コンピューターが弾き出した銘柄群に実際のお金を投資するように教える本

を買ったと想像してほしい。それらの株式が何カ月または何年にもわたって市場平均を下回る結果を出しているなかで、毎日熱心に株価を見守っていたと想像してほしい。そして、いつあきらめるかを決定したと想像してほしい。もはや、そのバカげた本や愚かなコンピューターを信頼することはないだろう。腕まくりをし、自分が買った企業とその事業の見通しを調査しようとするだろう。

そして、あとで気がつくように、株式を取得する前にこれらの企業についてほんの数分でも調査していたならば、それらの株式の多くに触れることすらなかったということを実感する悲劇を想像してほしい。最後に、保有する株式のひどい結果と納得のいかない見通しにもかかわらず、そのバカげた本や愚かなコンピューターの忠告に従い続けることを誓ったと想像してほしい。

しかし、どうしてこれらすべてのことを心配しなければならないのだろうか。結局のところ、魔法の公式は機能するのである。そのことは前章で示している。われわれは本当にうまくいくのであるから、結果の悪かった数カ月や数年のことを気にする必要はないのである。そして、これは正しいように思われるが、残念ながら一七年の検証期間における非常に素晴らしい数字だけを見ても、実際に心配すべきことなど、ほとんどないことが分かる。

魔法の公式に基づいて組成したポートフォリオが上げた収益は、検証した各一二カ月のうち五カ月は市場平均に比べて見劣りしたのである。一年という期間でみると、魔法の公式は四年に一度、市場平均を上回ることができなかった（年間収益率は、一九八八年一月から一九八九年一月、一九八八年二月から一九八九年二月というように、二〇〇四年末まで算出、合計すると一九三回の一年間が検証されたことになる）。魔法の公式が残した結果が二年以上連続して悪かったのは、六年間に一度である。そして魔法の公式が見事に機能した一七年間では、公式が市場平均を三年連続で下回った時期があるだけである。

数年間機能しない公式に執着することは容易であることを考えてほしい。「これは長い間機能しないことを知っている」もしくは「たくさんのお金を失ったことを知っている」が、「今取り組んでいることを続けよう」というのが典型的な反応であると思うだろうか。確かにそうではない。

例として、ベストセラーとなった投資本の著者のケースを取り上げてみよう。その本を書くに当たり、どの戦略が長期にわたって市場を打ち負かすことができるのかを判断するために、著者は多数の銘柄選択公式を何十年もの期間を対象に検証したのである。その本は素晴らしく、またとても筋の通ったものであった。そして著者は自ら検証した多数の公式のうち最もうまく機能する公式に基づいて、選択した銘柄だけを購入するミューチュアルファンドを立ち上げたのである。

その後、そのファンドは最初の三年間のうち二年間は市場平均を下回り続けた。そのうち市場平均を二五％も下回った年もあったのである。三年後、ファンドは競合他社に比べて業績が悪く、検証まで行って書物を著したこのベストセラー作家は自分の資産運用会社をほかのだれかに売却することにしたのである。公正な立場でいうならば、その著者は自分の公式を見限ったのではなく、ほかにより良い機会を見つけたのであろうことは明らかである。彼の公式に従って厳密に運営される同様のファンドが向こう三年間にわたって復調し、最初の厳しい数年間も含めて組成以来最高の結果を上げるファンドのひとつになることが分かっていれば、恐らく彼はより長い期間ファンドを続けたことだろう。

しかし、そのようなことはめったにない。ミスター・マーケットの気分が予測できないものであり、またほかの機関投資家との競争でプレッシャーを受けていれば、何年間も機能しない戦略に執着するのは極めて難しいであろう。それは、どんなに賢明なものであろうが、どれほど優れた長期的な実績があろう

資 料 請 求 カ ー ド

ご購読ありがとうございました。本書をご購読いただいたお礼に、投資に役立つ資料（投資ソフト・書籍・セミナーのカタログ etc...）をお送りいたします。ご希望の方は郵送かFAXでこのカードをお送りください。

●どこで、本書をお知りになりましたか？

1.新聞・雑誌（紙名・誌名　　　　　　　　　　　　　　　　　　　　　）
2.TV・ラジオ　3.ポスター・チラシを見て　4.書店で実物を見て　5.知人にすすめられて
6.小社の案内（a.ホームページ　b.他の書籍の案内　c.DM）　7.その他（　　　　　　　）

●ご購入いただいたきっかけは？

1.著者に興味がある　2.内容に興味がある　3.タイトルに惹かれて　4.わかりやすそう　5.装丁
6.その他（　　　　　　　　　　　　　　　　　　　　　　　　　　　　）

●本書についてのご感想をお書きください。

電子メール（info@panrolling.com）でもお送りください。
ホームページで書評として採用させていただく方には、図書カード500円分を差し上げます。

ご購入書籍名		
ご購入書店様名	書店様所在地	
フリガナ お名前	性別　男・女	年齢
住所　〒		
電話番号		
電子メールアドレス		

資料請求はコチラからでもOK

FAX：**03-5386-7393**
E-mail：**info@panrolling.com**

が、いかなる戦略にも当てはまるのである。

偶然にも「これまでで最も優秀な機関投資家」となった私の親友のひとりの経験を見てみよう。彼は、コンピューターに基づいた独自の公式が弾き出した銘柄を自動的に取得するわけではないが、その公式が高いランク付けをした企業の一覧から取得すべき企業を選択するという厳密な戦略に従っている。

彼は前職の投資会社で一〇年間この戦略を用いて大きな成功を収め、九年前に同様の基本原則を用いた自分の資産運用会社を設立したのである。しかし、最初の三～四年の業績はひどいものであった。というのも、かつてはうまくいった戦略がほかの資産運用会社や主要な市場平均の収益率を大幅に下回ったのである。にもかかわらず、この「これまでで最も優秀な機関投資家」は自らの戦略は長期的には絶対正しく、いつものようにその戦略を継続すべきであると堅く信じていたのである。残念ながら、彼の顧客の意見は違った。大多数の顧客は逃げ出し、多額の資金を引き出して私の友人とは違って「自分が何をしているのか」を理解している運用会社に預けたようである。

ご想像のとおり、彼らはじっと待つべきであった。最後の五～六年は私の友人や彼の戦略にとって素晴らしい年となり、繰り返すが最初の厳しい数年間を含めてファンド組成以来の投資成績は今や同時期における主要市場平均の収益率を完全に打ち負かしたのである。今日、彼の会社はウォール街に存在する何千もの運用会社のうち、驚異的な投資成績を上げているほんの一握りの企業のなかでもトップに位置している。果報は寝て待てということを証明するように、私の友人の会社は現在数百の顧客のために一〇〇億ドルを上回る資産を運用している。平均を下回る業績に直面して、ほとんどの顧客が寝て待つことをしないと選択したことが残念でならない。当時から残った顧客はたった四人だけである（幸運にも、私はそのうちのひとりである。しかし、彼の友人たちと同じように、私もじっと待たなければならなかった）。

では、要点は何であろうか。要するに、魔法の公式が常に機能したのであれば、おそらくはみんながこの公式を用いるだろう。もしみんながを用いたとしたら、公式はおそらく機能しなくなるだろう。というのも、多くの人々が魔法の公式によって選択された割安な株式を買うことになるので、それらの株価はすぐに跳ね上がってしまう。言い換えれば、みんなが公式を用いたら、掘り出し物はなくなり、魔法の公式も台無しになってしまうだろう。

だからこそ、魔法の公式がそれほど優れたものでないことが幸運なのである。

公式は常に機能するわけではない。実際には、何年間も機能しないかもしれない。それほど長いこと待てる人々はほとんどいない。彼らの投資対象期間は短すぎるのである。もし、ある戦略が機能するのに長い期間が必要である、つまり本領を発揮するのに三～四年、さらには五年かかることもあるとしたら、ほとんどの人々はその戦略に執着しないであろう。市場平均を下回るか、友人よりも収益率が低い年が一～二年と続くと、ほとんどの人々は新たな戦略を探すのであるが、たいていの場合、それらは過去数年間にわたって順調な結果を残した戦略なのである。

自らの戦略は長期的には機能すると信じるプロの資産運用者であっても、その戦略に執着することは難しい。市場や競合相手を下回る成績が数年続けば、顧客や投資家の大部分は去ってしまうからである。それゆえ、ほかのみんながついてこない戦略に執着することは難しいのである。プロの運用者として、ほかのみんなが良い結果を残しているときに良い結果を残せなければ、顧客のすべて、さらには自らの職を失うリスクにさらされるのである。このリスクを避ける唯一の方法は、ほかのみんなとほとんど同じように投資をすることだと多くの運用者が考えている。しばしばこれは、向こう数四半期、もしくは来年や再来年の見通しが最も有望な最も人気のある企業を所有するということになる。

今や読者は、どうしてほとんどの人々が魔法の公式を利用しないのだろうかと考え始めていることであろう。試しに使っている人もいるかもしれないが、ほとんどの人が最初の数カ月、または結果の悪い数年間を経たあとにも使い続けるということはない。第1章で検討したように、とにかく信じなければならないことがどれほど重要であるか、読者にも分かってきたであろう。

もし魔法の公式が役に立たないと思ったら、読者はそれが機能するチャンスが訪れる前に公式を用いるのをやめてしまうことだろう。それこそが過去一七年に及ぶ統計が示すことであるのは確かである。魔法の公式は確かに機能する。長期的には市場平均の二～三倍近くの収益をもたらすのである。

ただし、これらの収益は極めてでこぼこにもなりえる。また、短期間では機能するかどうか分からない。魔法の公式についていう場合、「短」期間とは年という意味であり、日や月ではない。奇妙ではあるが論理的にもそれは良い知らせである。

良い知らせとは、つまり読者が長期にわたって執着し続けるほどに魔法の公式を信用するならば、ということである。しかし、来る年も来る年も機能しない戦略に本当に執着し続けるためには、その戦略を骨の髄から信用しなければならない。魔法の公式の見事な実績はその助けにはなるであろうが、読者の骨の髄が何を考えているかを次章で見ていこう。

要点

一．魔法の公式が機能するには長い期間が必要のようである。

二．魔法の公式は数年間連続して機能しないこともある。

三．ほとんどの投資家は数年間連続して機能しない戦略に執着することはしないし、もしくはできない。

四．魔法の公式が読者の役に立つものとするためには、公式は機能すると信じ、そして投資対象期間を長く取り続けなければならない。

五．本章がなかったとしたら、次章こそが本書で最も重要な章となる。

第9章

「3em-spaces の下で吐いたら、逃げろ（vomit under the 3em-spaces and run）」

さて、これは毎日耳するようなことわざではない。あまり耳にしない理由は非常に単純である。この言葉は時間とともにその意味のすべてを失ってしまったのである。私が中学二年生の学課に合格するために印刷屋で必要であっただけである。

ご存知だろうが、昔の印刷機は、実際に箱から文字をひとつずつ取り出して手で植字していたのである。そのため、学課に合格するために私や中学校の同級生たちはそれらの文字が置かれている場所を記憶していなければならなかったのである。一番下の列にある文字はV、U、T、そして3em-spaceと呼ばれるものがあり、そのあとにAとRの文字が続く。われわれはこの順番を「3em-spacesの下で吐いたら、逃げろ（Vomit under the 3em-spaces and run）」というキャッチフレーズで覚えたのである。

コンピューターの登場とともに、私のささやかな記憶装置とそういう大時代的な印刷屋は今や用済みである。もちろん、私が中学生であったころに比べれば、世界はすっかり変わっている。もはや印刷業について教える人はいない。しかし、ありがたいことにまったく変わらない科目もある。ひとつ挙げれば、数学はいまだにほとんど変わらない。このことを知っておくことは投資家としてとても重要である。

というのも、魔法の公式を用いて長期にわたってお金を稼ぐためには、その背後にある原理は合理的かつ論理的であるばかりでなく、時代を超えたものでなければならないからである。そうでなければ、短期的な結果が悪いときに、「耐える」ことができないからである。単純すぎると思われるかもしれないが、2足す2は常に4であることを知っていることはとても有効な概念である。どれほど多くの人々が異なることを言っても、彼らがどれほどそう言い続けても、さらにはそれらの人々がどれほど優秀そうに見えても、われわれの信念が揺らぐことはないであろう。同様に、魔法の公式に対する信頼の度合いが、不人気で一見長期間機能しないように見える戦略にわれわれが執着できるかどうかを決めるのである。

では、魔法の公式の何がそれほど理にかなっており、実際に結果が伴わないときにも、われわれをして迷いを生じせしめないのであろうか。では、もう少し見ていこう。

魔法の公式はランク付けを通じて企業を選択する。資本収益率（return on capital）が高く、高い利回りをもたらす企業が魔法の公式では最良とされる。さらに簡単に言えば、公式は体系的に、**平均を下回る価格**で取得できる**平均を上回る企業**を見つけるのを容易にしている。

これは確かに論理的であり、理にかなっているように思われる。それが実際にわれわれが行っていることであるならば、われわれが真に信頼することのできる戦略のようにも思われる。では、一歩一歩進んで、それが本当であるかどうかを見ていこう。

まず、なぜ高い資本収益率を上げている企業がそれほど特別なのだろうか。

われわれの公式は、どのような企業を取得するように告げているのだろうか。なぜそれらの企業は、平均よりも優れたものなのであろうか。これらの質問に対する答えを理解するために、振り返って旧友のジェイソンに連絡してみよう。

ご記憶のとおり、昨年はジェイソンの会社にとってかなり良い年であった。彼のガムショップはそれぞれ二〇万ドルを稼いだ。それぞれの店舗を建設するために在庫や店頭の装飾などを含めてジェイソンが投資しなければならなかったのはたった四〇万ドルであったので、ガムショップを開くことで彼が上げる資本収益率は五〇％（二〇万ドルを四〇万ドルで割った）と非常に優れたものであった。さて、これは何を意味するのだろうか。

年間で五〇％もの収益をもたらす投資先を見つけられる人々や企業はほとんどいない。もし過去が将来への優れた指針となり、ジェイソンの会社が本当にただ新たに店を開店するだけで投資したお金の対して年に五〇％もの収益を上げることができるのであれば、ジェイソンズ・ガム・ショップは本当に特別な会社である。よく考えてみるとよい。読者がお金を投資し、年に五〇％稼ぐことができる機会など極めてまれである。ジェイソンの新店舗や既存の店舗が初期投資額に対して毎年五〇％の収益を上げ続ける保証などないのは確かであるが、昨年の高い収益率が将来にわたって同事業に対する投資から高い収益を上げられる機会が存在していることをよく示している。

もしこれが本当で、ジェイソンズ・ガム・ショップが既存の店舗や新規店舗への投資から高い収益を上げ続けることができるのであれば、それはジェイソンにとっても本当に良い知らせである。第一に、ジェイソンの会社から上がった利益をそこにとどめておく必要はないかもしれない。ジェイソンズ・ガム・ショップはそのような大きな利益を手にし、それらを年に六%支払う財務省債券に投資することもできる。しかし、彼らにはさらに良い選択肢がある。彼の会社はその利益を手にし、それを新たな店舗に投資することができるのである。それゆえ、最初の店舗に対する初期投資から年に五〇%の収益が継続して上げられるだけでなく、ジェイソンズ・ガム・ショップには最初の店舗から上がった利益を、これまた年に五〇%の収益を上げる新店舗に投資する機会があるのである。

この高い収益率で利益を投資できる機会というのは非常に価値のあるものである。例えば、ジェイソンズ・ガム・ショップが昨年二〇万ドルを稼いだとしたら、ジェイソンには幾つかの選択肢がある。彼はそのお金を会社の株主に分配することができる（株主はそのお金を投資することができるが、それは彼らの選択である）。会社が今期もそれほど大きな変化に見舞われなければ、ジェイソンズ・ガム・ショップは再び二〇万ドルを稼ぐことになる。これは素晴らしい業績であろう。

一方、ジェイソンズ・ガム・ショップが二〇万ドルの利益を手にし、それを六％の金利（四〇％の税金を支払ったあとでは三・六％となる）を支払う財務省債券に投資するとしたら、今期のジェイソンの会社は、店からの二〇万ドルと債券の金利から得られる税引き後収益としての七二〇〇ドル、合わせて二〇万七二〇〇ドルを稼ぐことになる。利益額は昨年よりも多いけれども、その成長率はそれほど高くはないだろう。

しかし、大金が転がり込むのは次の話である。もしジェイソンが同様に二〇万ドルを手にし、それを年に五〇％の収益を稼ぐ新規店舗に投資できるのならば（この例では、新店舗の建設費用は四〇万ドルであるが、店舗の半分に投資できるものと仮定している）、今年度のジェイソンズ・ガム・ショップの利益は、既存店舗から上がる二〇万ドルと新規店舗への投資からの一〇万ドルとを合わせた三〇万ドルまで増大するであろう。昨年の利益額二〇万ドルから今年度の三〇万ドルまで、一年間での利益成長率は五〇％にもなる。

言い換えれば、**利益の一部やすべてを非常に高い収益率で投資できる機会を有する企業を所有することで、非常に高い利益成長率を享受することができるということである。**

さて、今やわれわれは高い資本収益率を得ることができる企業について二つの重要な事項を知っている。ひとつは、高い資本収益率を得ることができる企業は、利益を非常に高い収益率で投資できる機会をも有している。平均的な収益率で投資をしている人々や企業がほとんどであるから、こういった機会は特別なものである。二つ目は、ちょうど今学んだように、高い資本収益率を上げることができれば、高い利益成長率をも享受できるということである。確かにこれは魔法の公式で選択された企業群にとっても良い知らせである。

しかし、ひとつの明白な疑問がまだ残されている。もしジェイソンの会社のような企業がガムショップを開店することで年に五〇％もの利益を上げることができるのであれば、なぜほかの人々はそれを見て、自分たちのガムショップを開こうとしないのだろうか。

これは、ジェイソンズ・ガム・ショップがさらなる競争にさらされることを意味している。競争が厳しくなれば、ジェイソンが自社の各店舗で上げることのできるガムの売上高が減少するということである。そうなれば、ジェイソンは顧客を引きつけるために価格を下げなければならない。競争が厳しくなるということは、だれかがより良いガムショップを作り上げるということである。要するに、競争が厳しくなれば将来ジェイソンズ・ガム・ショップが上げられる利益は減少すると言えるのである。

実際に、現在の資本主義のシステムはそのように機能するのである。良い事業は競争を喚起する。たとえ競合するガムショップを開くことで、ジェイソンが新たなガムショップを開くことから得られる資本収益率が四〇％まで低下するとしても、将来の利益がさらに減少する脅威がなくなったわけではないであろう。ガムショップの開店から年間四〇％の収益が得られるのであれば、それはまだ十分に良いのである。ガムショップの開店から得られる年間四〇％の収益をとても魅力的に感じ、自分たちのガムショップを開店しようとする人々もいるかもしれない。そして、競争が激化することで、新規のガムショップを開店することから得られる利益率は年間三〇％まで低下するかもしれない。

しかしそれでもまだ止まらない。ある投資から年間三〇％の利益を上げられるのであればよい。さらなる競争が新規店舗や既存の店舗から得られる将来の資本収益率を下げ続ける可能性がある。この資本主義というものは、ガムショップを所有することから得られる年間の資本収益率がもはやそれほど良いものでなくなるまで、利益を急降下させ続けることがあり得るのである。大した制度である。

しかし、困ったことがある。資本主義がそれほど厳しいシステムであるとしたら、第一にわれわれは魔法の公式を用いて、どのようにして高い資本収益率を上げることができる企業を見つけることができるのであろうか。たとえ一年間でも高い資本収益率を上げるということは、少なくとも一時的にはその企業の事業に何か特別なことがあるのであろう。さもなければ、競争がその企業の資本収益率を低い水準まで下げてしまっているであろう。

その企業はガムだけを販売するお菓子屋といった比較的新しいコンセプトを持っているか、大人気のテレビゲームのような新しい製品を持っているか、もしくは競合製品よりも小さく使いやすいアイポッド（iPod）のような優れた製品、優れたブランド名（人々はジョーズ・コーラ［Joe's Cola］よりもコーク［Coke］に進んでより高い価格を支払うであろう。それゆえコークはジョーズよりも高い価格を付けることができ、競争が存在するにもかかわらず高い資本収益率を上げ続けることができるのである）を持っているか、または競争上非常に優位な地位にあるに違いない（イーベイ［eBay］はインターネットオークションの先駆者のひとつであり、ほかのオークションサイトよりも多くの売り手買い手が存在している。それゆえ新たなオークションサイトがイーベイと同じような便宜を顧客に提供することは難しい）。

要するに、**高い資本収益率を上げている企業にはある種の特別な優位性があるようである。その特別な優位性があれば、企業は平均以上の収益を上げる能力を破壊されずにすむのである。**

新製品や優れた製品、有名なブランド名や競争優位などの何か特別なものを持ち続けていない企業は平均的か、平均以下の資本収益率しか上げられないのであろう。その企業の事業に何か特別なものがないのであれば、だれかが参入し、競合する事業を始めることは容易なことである。ある企業が高い資本収益率を上げており、競争が容易なのであれば、結果的にだれかが同じ事業を始めるであろう。彼らは資本収益率が平均的な水準に低下するまで競争を続けることだろう。

しかし、魔法の公式が平均的な資本収益率しか上げていない企業を選択することはない。平均以下の資本収益率しか上げていない企業を選択することもない（ジャスト・ブロッコリー［Just Broccoli］のような企業は一年間ですら高い資本収益率を上げることはなさそうである）。

それゆえ、**平均的か、低い資本収益率しか上げていない企業を除外することで、魔法の公式は最初から高い資本収益率を上げている企業群だけを選択の対象とするのである。**

魔法の公式が選択した企業のなかにはその高い資本収益率を維持できない企業もあることは確かであろう。すでに学んだように、高い資本収益率を上げている事業には競争を喚起する傾向がある。また、ありふれた事業でも一〜二年良い年があることもあり得るし、一時的に高い資本収益率を上げることもあり得る。

しかし、概して魔法の公式が選択した高資本収益率企業には利益の一部を高い収益率で再投資する機会がある可能性が高く、彼らには、高い利益成長率を達成する能力がある可能性が高いのである。また彼らには平均以上の資本収益率を上げ続けることを可能にする何か特別な競争優位がある可能性が高いのである。要するに、**魔法の公式は概して優れた企業を見つけてくれるのである。**

では、魔法の公式はこの優れた企業群をどうするのであろうか。

それらの企業を割安な価格で買おうとするのである。

公式は高い利回りをもたらす優れた企業だけを選択する。利回りが高いということは、公式は取得価額に比して高い収益を上げ得る企業だけを取得するということである。

なるほど、**平均以下の価格で平均以上の企業を取得**する。これは機能しそうである。

しかし、読者の骨の髄はこれをどう思うだろうか。

要点

一．非常に高い収益率をもたらす投資先を見つけられる人々や企業はほとんどない。それゆえ高い資本収益率を上げることができる企業は特別である。

二.高い資本収益率を上げている企業にはその利益の一部やすべてを高い収益率で投資する機会がある。その機会は非常に価値のあるものである。その機会こそが高い利益成長率をもたらし得るのである。

三.高い資本収益率を上げている企業にはある種の優位性があるようである。その特別な優位性があれば企業は平均以上の収益を上げる能力を破壊されずにすむのである。

四.平均的か、低い資本収益率しか上げていない企業を除外することで、魔法の公式は最初から高い資本収益率を上げている企業群だけを選択の対象とするのである。そしてそれらの平均以上の企業を平均以下の価格で取得しようとするのである。

五.魔法の公式はあらがい難いほどに理にかなっているのであるから、われわれは調子の良いときも悪いときもこの公式に忠実であり続けるべきである。

そして、最後に、

六：3em-spacesの下で吐かなければならないのであれば、逃げることを忘れてはいけない。

第10章

私はヨットに乗るのが好きである。しかし、操縦はけっしてうまくはない。それは分かっている。というのは、妻や子供たちが私と一緒に行くのを怖がるからではない、苦い体験があるからである。かつて、風速と海流の速度を少し読み誤り、あと二〇フィートほどで少なくともフットボール場三つ分の長さはあろうかという将官艇にぶつかりそうになったのである。これはよく覚えている。というのも、妻が乗客であり（何はともあれみんなヨットが好きなのである）、私が五馬力の小さな外側発動機（いざというときにまったく機能しないろくでなしである）の始動コードを慌ただしく引っ張っている間に、巨大な将官艇が道を空けるよう警笛を鳴らしてきたのである。

通常ヨットにはモーターボートに優先して通行する権利があるが、九〇億ポンドの将官艇がそれほど即座に舵を切ることはなく、その場合、通行権などひっくり返されるのである（そんな場面に遭遇したときのために覚えておくとよい）。そこで私はすべてを制御しているかのように振る舞って（それゆえ、妻の最後の言葉は「こんなおんぼろヨットは嫌い」ではなかったのであろう）、役に立たない始動コードを繰り返し引っ張っていると、一陣の風がわれわれのヨットを危険から救ったのである。

ひとりでヨットを楽しんでいるからこの話をしているのではない。実際に、私は企業、できれば勇敢または盲目的な企業を所有することが好きである。たとえヨットを操縦するのが明らかに下手であっても、ヨットに乗ることが好きであるからこの話をしているのである。そして多くの人々が株式市場に投資をすることに同じような感情を抱いている。彼らは特段それが得意ではないかもしれないし、自分たちがうまいかどうかを分かっていないかもしれないが、彼らは投資を行う過程やその体験に首っ丈なのである。

そのような人々のなかには、魔法の公式を用いて投資することでそのような楽しみの一部が失われてしまうと考える人もいるかもしれない。それは分かっている。また魔法の公式を使わなくても個別銘柄の選択が上手な人や、上手であろう人々もいる。それもまたよい。次章において、独力での銘柄選択に成功したいのであれば、知っておく必要のある考えを提示する。また、そのような人々に対して魔法の公式の裏にある原理は個別の投資判断にも用いられ得ることを示そう。しかし、今後魔法の公式を用いて投資を行うべきか、または用いずに投資を行うべきかを検討する前に、知っておかなければならないことが幾つかある。

まず、魔法の公式には、この本で暴露した以上の業績がある。故あってこの良い知らせを明かさなかったのである。業績が良いから読者は魔法の公式に従うのではない。業績が良いから将来においても優れた結果を得られるわけではない。業績が良いから結果が悪いときでさえ魔法の公式に従い続けるのではない。業績が良いということは、なぜ良い業績が残されたのかを理解したときだけ、役に立つというのが真実である。読者はすでにそれ、つまり魔法の公式は完全に理にかなっているということを理解しているから、少しばかり良い知らせを聞いても浮かれることはないと確信している。

ご記憶のとおり、魔法の公式は直近一七年間を通じて検証された。その期間を通じて魔法の公式に基づいて選択したおよそ三〇銘柄からなるポートフォリオを保有し、一年ごとに各個別銘柄の入れ替えを行った。また、業績も一年ごとに一九三回測定している（一九八八年一月から一九八九年一月、一九八八年二月から一九八九年二月、一九八八年三月から一九八九年三月といったように、二〇〇四年一二月三一日まで一九三回、一年間の業績を測定した。これは一般に一九三回の一年の保有期間と呼ばれている。三年間の保有期間で測定すると言った場合、一九八八年一月から一九九一年一月、一九八八年二月から一九九一年二月というように業績を測定することになる）。

魔法の公式に基づいて選択した株式のポートフォリオは、ほとんどが市場平均を上回ったが、一～二年または三年間にわたって市場平均を下回ることがあった。これによって、その魔法を機能させる機会を得る前に投資家が公式に見切りをつけてしまう危険性が生じたのである。

すでに検討したとおり、一年ごとに検証した場合、四年に一度は魔法の公式による株式のポートフォリオが市場平均を下回った。一七年間のうちどの月から始めたとしても、二年間連続して公式に従うと、六期間に一度は魔法の公式は市場平均を下回ったのである。覚えておいていただきたい。これはそれほど悪くはないと思われるかもしれないが、二年間連続して市場平均を下回るというのは実際にはかなり受け入れ難いものがある。だが、良い知らせがある。三年間連続して公式に従うと、魔法の公式は九五％（三年ごとに行った一六九回の検証のうち一六〇回）の確率で市場平均を上回るのである（検証した三年間の数が一年間のそれよりも少ないのは、検証の対象となる最後の三年間は二〇〇二年一月に始まり二〇〇四年一二月三一日に終わるからである。最後の一年間は二〇〇四年一月に始まる）。

しかし、これで終わりではない。三年間以上魔法の公式に従えば、けっしてお金を失うことはないのである。そのとおり。検証した一七年間のうち、いかなる三年間であっても魔法の公式に忠実であるならば、一〇〇％（三年ごとに行った一六九回の検証のうち一六九回）お金を稼ぐことができたのである（言い換えれば、われわれが検証した一七年間において、魔法の公式がもたらした業績はそれが市場を上回らなかったときでさえ十分高い収益率であった）。三年ごとに検証した一六九回のうち、魔法の公式がもたらした収益率で最も悪かったのは一一％のプラスであった。一方、同様にして測定した市場平均がもたらす収益率で最悪なものは四六％のマイナスであった。これは非常に大きな差である。

しかし、これでもまだ終わりではない。今見てきた数字のすべては時価総額が一〇億ドルを超える時価総額上位一〇〇〇銘柄を選択対象とすることで得られた結果に基づいている。一般に個人投資家が取得できる、時価総額五〇〇〇万ドルを超える時価総額上位三五〇〇銘柄から選択して得た結果はさらに良いものであった。三年ごとに検証した一六九回のすべてが魔法の公式にとって良いものであり、一六九回すべてで市場平均を上回ったのである。そのとおり。魔法の公式はすべての期間において市場平均を上回ったのである。これでこの魔法の公式に首っ丈であろう（この三五〇〇社のうち、三年ごとに測定した魔法の公式に基づくポートフォリオの収益率で最も悪かったものは三五％のプラスであったが、三年ごとに計測した市場平均で最も悪かったのは四五％のマイナスであった）。

しかし、本当に大きなリスクを取ることなく、そのような優れた業績を期待することができるのだろうか。それに対する回答は往々にしてリスクをどのようにとらえようとしているかにかかっている（しかし、この場合われわれがどのような方法でリスクを測定しようとも魔法の公式は非常に優れたもののように思われる)。過去五〇年以上にわたり、金融を専門とする学者たちがさまざまな投資戦略に伴うリスクを測定し、比較するための面白い方法を考え出してきたが、そのほとんどが読者にとっては意味のない方法でリスクを測定しているのである。特に対象期間の長い投資を行おうとするのであれば、これは真実である。物事を不必要に複雑にするのではなく、リスクについて考えるときに、読者が投資戦略について知っておくべき要点が二つある。

一．長期間にわたってその戦略に従うことでお金を失うリスクとはどういうことか。

二．選択した戦略が長期にわたってほかの代替戦略よりも業績が悪いというリスクとはどういうことか。

では、このようにリスクを定義した場合、魔法の公式に伴うリスクはどの程度なのであろうか。市場平均と等しい結果をもたらす投資戦略を構築することはかなり容易なことであるから（インデックスファンドやＥＴＦになどに対する投資。しかし、後述するように、プロの投資家のほとんどが市場平均を下回る結果しか残せない）、少なくともこれら二つの単純な戦略を合理的に比較することはできる。では、見てみよう。

われわれが検証した期間において、比較的短い三年という期間で見ると、魔法の公式に基づく戦略は確かに機能した。魔法の公式の戦略から得られた収益は市場平均の収益をはるかに上回っていた。魔法の公式の戦略を用いればけっしてお金を失うことはない（三年ごとに収益率を測定すると市場平均は一二％の損失を出した。もちろん、検証期間中の魔法の公式の成功率は一〇〇％であるけれども、魔法の公式に基づく戦略でも将来損を出す時期があることはほぼ確実である）。魔法の公式に基づく戦略は三年ごとに検証したほとんどすべての期間において市場平均を上回ったのである。要するに、魔法の公式に基づく戦略はより**少ないリスクで市場平均を上回る収益を上げた**ということである。

われわれが検証した期間、魔法の公式に基づく戦略に忠実であり続けることで信じられないくらい良い成果が上げられたけれども、常にこうであるとは限らない。優れた投資戦略でさえ、その本領を発揮するまでには時間がかかることもあろう。もし投資戦略が本当に理にかなったものであるならば、投資対象期間を長く取れば取るだけ、最終的に成功を収める見込みは高まる。それゆえ、五、一〇年、もしくは二〇年を投資対象期間とすることが理想的である。

実際に取り組むのは簡単ではないけれども、株式市場での投資対象期間を三～五年に維持することで、ほかのほとんどの投資家よりも大幅に優位に立つであろう。また三～五年が、代替投資戦略のリスクや業績と比較を行うに意味をもつ最短期間である。

今や魔法の公式が本当にどれほど強力でかつリスクが少ないかをよりよく理解したが、次章に移る前にまだ解決していない問題がひとつ残されている。これにはわれわれの旧友、ミスター・マーケットとともに取り組まなければならないが、ここでもまた適切な投資対象期間を維持することが重要な役割を果たすことになる。

第4章のビジネススクールの初日での話を思い出すかもしれないが、魔法の公式がその優位性を発揮できる取引の機会を作り出されるのはミスター・マーケットが四六時中感情を変化させているからである。しかし、この同様の感情が問題を生み出すのである。ミスター・マーケットがそれほどに不安定であるとしたら、どのようにしたらわれわれが割安な価格で取得した株式に対して彼が最終的に適正な価格を支払うことを確実にできるのだろうか。ミスター・マーケットから最終的に適正な価格を提示されることがなければ、割安な株価は永遠に割安なままであり、さらに悪いことにはもっと割安な株価になるかもしれない。

それゆえ、ミスター・マーケットについて知らなければならないことがほかにもある。

●短期的には、ミスター・マーケットは**低迷した価格や高騰した価格で株式を売ったり、買ったり**しかねないほど荒々しく感情的に行動する

●長期的には、まったく話が異なる。**ミスター・マーケットは正しく行動する**

よろしい。頭のおかしいミスター・マーケットも長期的には実際に非常に合理的な奴となる。数年ということはあまりないであろう。しかし、数週間、または数カ月かかるかもしれないが、ミスター・マーケットは最終的にわれわれが保有する株式に対して適正な価格を支払うであろう。実際に私は各学期の最初にＭＢＡ（経営学修士）の学生に保証を与えている。彼らが企業の価値を正

しく評価すれば、ミスター・マーケットは最終的にそれに合意してくれると保証している。時には時間がかかることもあり得るが、分析が正しいのであれば、通常二～三年の間に彼らが割安な株価で取得したことをミスター・マーケットが適正価格で報いてくれるのである。

では、どうしてこのようなことが起こり得るのだろうか。ミスター・マーケットは感情的で情緒不安定ではないのだろうか。確かに、ミスター・マーケットが短期的には感情に左右され得ることは事実であるが、長期的には真実と現実が勝るのである。もし過度に感情的になったミスター・マーケットによって、短期的に株価が不当に下落している（これは、例えば企業が何か悪いニュースを発表したときや近い将来何か悪いニュースがありそうだと思われるときに起こり得る）としたら、幾つかのことが起こり得る。

第一に、世の中には優秀な人々がたくさんいる。もしミスター・マーケットが提示した価格が本当に割安ならば、それらの優秀な人々のなかにはそれが割引価格で取得できる機会であると最終的に認識し、株式を取得、株価を適正価格付近まで押し上げる人もいるであろう。このようなことがすぐに起こる必要はない。時には、特定の企業の短期的な見通しが不確かなために潜在的な買い手が離れてしまうこともある。感情の影響が数年間続くこともあり得る。しかし、次のことが重要なのである。感情的な反応によって引き起こされた問題やその原因は最終的に解決されるのである。それが積極的な解決であることもあれば、消極的な場合もある。しかし、それはまったく問題ではない。企業の向こう二～三年の利益見通しがはっきりしないのであれば、じっくりと待つことでわれわれは最終的に回答を得ることができる（たとえそれがまる二～三年かかるとしても）。ひとたび現状が明らかとなれば、割引価格で取得できる機会がまだ存在しているかぎり優秀な投資家は株式を取得するであろう。

次に、これらのいわゆる「優秀な」人々が割引価格で取得できる機会を見過ごし、株式を取得しないとしても、株価が適正な価格へと上昇する方法はほかにもある。企業が自社の株式を取得することがしばしばある。企業が自社の株式が過小評価されていると思えば、その企業の経営陣は手持ちの資金を用いて自社株の一部を買うことが良い投資となると判断する可能性がある（これによって企業の手持ち現金が減少するとともに、発行済み株式総数も減少する。企業の所有権があまり広く分散していなければ、残りの各株主の企業に対する持ち分割合が増大する）。つまり、自社株買いというこの企業活動が株価を上昇させ、割引価格で取得できる機会を減少させるもう一つの動きなのである。

もしこれが機能しないとしても、株価を適正価格へと変化させる方法はまだある。株式は実在する企業の持ち分を象徴するものである。発行済み株式のすべてを取得した者はだれでもその企業全体を所有することになる。割引価格で取得できる機会があまりに長く続ければ、他社や巨大な投資会社が発行済み株式のすべてを取得し、企業全体を買収しようとするかもしれない。時には、企業全体を買う者が現れる可能性があることで株価が適正価格に向かって上昇することもある。

要するに、長期的には、割引価格で取得できる機会を探す優秀な投資家、自社株買いをする企業、そして企業全体の買収やその可能性といったこれらのすべての要素が相互に作用し合って株価が適正価格に向かって上昇するのである。これがすぐに進行することもあれば、数年かかることもある。

短期的には、ミスター・マーケットは感情に基づいて株価を設定するかもしれないが、長期的には、企業の価値こそがミスター・マーケットにとって最も重要となるのである。

つまり、割安だと考える価格で株式を取得し、それが正しければ、ミスター・マーケットは最終的にそれに合意し、適正価格でそれらの株式を取得すると申し出るのである。これがいつもすぐに進行するわけではないけれども、ミスター・マーケットが正しく行動するには二~三年あれば十分である。

では、今や並外れて良い知らせはすべて出そろったので、何にもぶつかることなく次章を航行できるかどうか見ていこう。

要点

一．魔法の公式は機能する。前章までに私が暴露した以上にうまく機能する。

二．魔法の公式は市場平均より少ないリスクではるかに優れた結果をもたらす。

三．ミスター・マーケットは短期的には感情に基づいて株価を付けるかもしれないが、長期的には企業の価値に基づいて株価を設定する。

四．3em-spaces の下で吐くことができなかったら、私と一緒にボートに乗ってみよう。

第11章

それでも読者は魔法の公式を用いませんか。収益率が高く、リスクが低く、簡単かつ論理的である。これらの事柄は読者には何の意味もなさないようである。読者が取り組みたい、また実際に読者に必要なことは自分自身で株式を選択することである。だれも、そしてとりわけいかなるくだらない公式も読者の邪魔はしないであろう。読者が岩礁に乗り上げているというのに、読者を説き伏せても無駄であろう。心配しないでもよい。それも理解できる。それはそれで良い。しかし、私が本書の10章までに述べたことから何かを取り入れるためには、次のことを覚えておいてほしい。

自分が何を探しているのかを理解しないまま個別銘柄の選択を行うことは火のついたマッチを持ってダイナマイト工場を走り抜けているようなものである。死にはしないかもしれないが、大バカ者ではある。

では、どうすれば賢明な銘柄選択ができるのだろうか。読者は何を求めるべきだろうか。たとえ魔法の公式に従わないと決めたとしても、どうすれば読者が吹き飛ばされないよう公式を利用することができるのだろうか。よくぞ尋ねてくれた。それでは見ていこう。

すでにご存知のとおり、魔法の公式は高い利回りをもたらし、かつ資本収益率の高い企業の株式を選択する。利回りについては、公式はわれわれが株式を取得するに当たって、支払わなければならない価格に比して多くを稼ぐ企業を探す。資本収益率（return on capital）については、利益を生み出す資産を取得するために企業が支払わなければならない額に比して多くを稼ぐ企業を探すのである。これらの比率を算出するために、魔法の公式が将来の利益を用いることはない。それはあまりに難しい。魔法の公式は昨年度の利益を用いるのである。

おかしなことに、そうすることは間違いのように思える。企業の価値とは、その企業が株主のために将来どれだけのお金を稼ぐのかにかかっており、過去に何があったかは問題ではない。ある企業が昨年度に一株当たり二ドル稼いだが、今年は一株当たり一ドル、将来はそれ以下しか稼げないとしたら、利回りや資本収益率を算出するのに昨年の利益を用いると誤りを招く。しかし、これこそがまさに魔法の公式が行っていることなのである。

実際に、魔法の公式が選択した企業の目先の見通しがあまり良くないということがしばしばある。翌年や翌々年の見通しが明らかにひどいという場合も多い。しかし、それこそが魔法の公式が株価が割安に見える企業を見つけることができる理由のひとつである。魔法の公式はあくまで昨年の利益を用いるのである。その代わりに今年や来年の予想利益を用いたら、魔法の公式が選択した企業の多くが割安な株価となっているようにはまったく思えないだろう。

では、われわれはどうすべきなのだろうか。理想を言えば、盲目的に昨年の利益を公式に当てはめるよりも、平年の予想利益を当てはめたほうがよい（平年とは、企業やそれが属する産業、または経済全体に何か異常なこと、または異例なことが発生しない年のことである）。確かに昨年の利益は平年の利益を示すものではあるが、幾つかの理由から昨年の数字が代表的であるとはいえないかもしれない。ほとんどの年で繰り返さない尋常でないほどに好ましい状況ゆえに、利益が通常よりも多いということがあり得る。あるいは、企業経営に一時的な問題があり、それゆえ利益が平年よりも低いのかもしれない。

翌年の予想利益を公式に当てはめることでも同様の問題が起こる。翌年の数字は代表的なものではないかもしれないのである。そこでひとつの解決策は、標準的で、平均的な環境下での向こう三〜四年の予想利益を見越すことである。そうすれば、昨年の利益に影響を与えた、もしくは翌年、翌々年にわたって利益に影響を与えるかもしれない短期的な問題の大部分は考える必要はなくなるだろう。

この理想的な世界においては、われわれは平年の利益を予想することができ、また利回りや資本収益率を算出することができるであろう。魔法の公式の原則を用いることで、われわれは平年の利益に基づいた利回りや資本収益率の高い企業を探すことができるのである。もちろん、われわれは自分たちの予想にどれだけ自信が持てるか、またそれらの利益が将来増大するかどうかを判断しなければならない。そして、平年の利益に基づいた利回りと無リスクの六％の財務省債券や、ほかの投資機会とを比較することができるのである。

難しく思われるだろうか。確かに難しい。しかし、不可能ではない。この種の分析ができる人々もいる。実際に、私や私の同僚は投資判断を下すに当たり、魔法の公式の裏にあるこのような原則を用いているのである。しかし、もし読者がこの種の分析ができないのであれば、これは本章の要点であるが、

読者には自分で個別株に投資をする権利はない。


それはそれでよろしい。忘れましょう。

しかし、ちょっと待ってほしい。魔法の公式は非常にうまく機能するが、使用しているのは昨年の利益である。魔法の公式はいかなる予想もしないし、何かを考えることすらしない。では、どうして魔法の公式は株式を選択するのだろうか。どうして私は読者自身で個別銘柄を選択するのをあきらめるように言っているのだろうか。

その答えは、魔法の公式も個別銘柄を選択することはないということである。株式のポートフォリオ全体を見ると、昨年の利益を用いることが将来の利益が

どのようになるかを指し示すことがしばしばある。もちろん、個別企業についてはこのかぎりではないが、昨年の利益を用いることで、概して将来の平年の利益をかなりはっきりと予測することができるであろう。

それゆえ、実際に魔法の公式を用いると、一度に二〇～三〇銘柄の株式を保有したくなるのである。魔法の公式の場合、平均的、つまり魔法の公式に基づいて選択した株式ポートフォリオに対する平均的な収益を求める。願わくば魔法の公式がもたらす平均的な結果は尋常でない投資収益を意味するのであるから、魔法の公式に基づいて選択した多くの異なる株式を保有することは、われわれが前述の平均にかなり近い位置にいることを確かなものとするだろう。

すでに読者の九九％は魔法の公式に忠実であるよう説得できたことと思う。しかし、いまだに個別銘柄を選択するための必勝法を開発したいと考えている数少ない人々のために、検討してほしいことを次に述べる。プロのアナリストや資産運用者ですら、個別株式について正確な利益予測をすることは難しい。これらの専門家にとって、同時に二〇～三〇社を正確に予測することはさらに難しいことである。それが読者にとってより容易であるはずがない。

そこで、提案である。すべての警告にもかかわらず読者がいまだに個別株を取得したいと思うのであれば、あまり多くの予測をしようとしないことである。投資する銘柄数を割引価格で取得できる少数の優れた企業に限定すべきである。向こう数年間にわたる平年の利益を予測し、企業の価値を評価することができる数少ない投資家にとって、一握りの割安株を保有することは優れた方法である。大ざっぱに言って、読者が本当に優れた調査を行い、取得する企業をよく理解しているならば、異なる産業の企業を五～八つ保有することで、少なくとも読者のポートフォリオの八〇％は無事構成され得るのである（いまいち理解できないようであれば、章末のコラムを参照してほしい）。

しかし、読者が企業を評価すること、そして予測することが不得手であるとしたらどうだろうか。それでもまだ知的に銘柄選択ゲームを楽しむことができる方法があるのだろうか。ダイナマイト工場に長居することが賢明でないというなら、どうだというのだろうか。にぎやかなことを好む人もいるであろう。それはそれでよいだろう。妥協策も存在するし、それもまた理にかなっている。しかし、読者はこれからも魔法の公式を必要としているし、ほかに道はない（ともかく本書ではほかに道はない）のである。

それでは、読者の気に入った株式を盲目的に選択する、または魔法の公式の結果を盲目的に受け入れるよりも、それら二つの戦略を組み合わせたらどうだろうか。最初に魔法の公式を用いて上位にランク付けされた株式のリストを統合すればよい。その後、読者がやりたい方法でお気に入りの銘柄を幾つか選択する。しかし、読者は魔法の公式がランク付けした上位五〇～一〇〇銘柄からだけ選択しなければならない（心配しないでほしい。トップにランク付けされる株式のリストを容易に作成する方法は後ほど学ぶ）。この方法を用いるならば、少なくとも一〇～三〇銘柄（読者が企業価値の評価についてなんらかの知識があるのであれば、より少なく。バースサインに基づいて株式を選択するのであればより多く）をポートフォリオに組み込むべきである。これで十分であろう。

では、要約しよう。

一．**ほとんどの人々には個別銘柄を自分で選択する権利がない。**

二．一番目の要約を再度読む。

三．しかし、実際に向こう数年間の平準化した利益を予測しなければならない、そして予測できるのであれば、利回りならびに資本収益率を算出するに当たってはその予想額を用いればよい。その後、魔法の公式の原則を用いて、読者の予想平年利益を基にして株価の割安な優れた企業を探せばよい。

四．自分が所有する企業をしっかりと把握し、自分の予想平年利益を信頼できるのであれば、異なる産業の割安な株式を五～八銘柄保有することが安全で効果的な投資戦略となり得る。

五．**ほとんどの人々には個別銘柄を自分で選択する権利がない**（すでに述べただろうか）。

どうしたら、たった五～八つの株式を保有することが安全な戦略となり得るのだろうか。次のように考えてほしい（世界で最も優れた投資家のひとりが示した例えを拝借する）。読者は自分の会社を一〇〇万ドルで売却したある地方の大成功した事業家である。読者は長期間にわたって安全に高収益を上げることができるよう賢明にそのお金を投資したいと考えている。読者には地元のほかの幾つかの企業の所有権を取得することで、自分の会社を売却したことで得た資金を再投資する機会がある。読者はそれらの企業のおよそ三〇％程度を理解しているが、自らよく理解し、有望かつ妥当な価格で取得できる企業に投資する計画である。

読者が将来を見通すことができるとの確信が持てるそれらの企業について、向こう数年間の標準的な利益を予測することになる。また、何年間も事業を継続できる企業、長期にわたり利益成長を成し遂げることができる企業を探し出す。そして、それらの企業それぞれについての自らの予測に基づき、利回りと資本収益率を算出するのである。もちろん、読者の目的は、株価の割安な優れた企業を見つけることである。自らの分析に基づき、読者は気に入った企業を五つ選択し、それぞれに二〇万ドルずつ投資をする。

このような行為は危険を冒しているように思えるだろうか。もし読者が財務諸表の読み方や個別企業の評価の仕方を知らないのであれば、そうであろう。しかし、そのような能力があるのであれば、五つの気に入った企業の株式を取得することで十分ではないだろうか。気に入った八つの企業の株式を保有することはさらに良いことであろうか。ほとんどの人々、特に株式は実在する企業の長期的な持ち分であるとみなす人々は、一〇〇万ドルをさまざまな産業の五～八つの株価の割安な企業に分散しておくことを賢明な行為と考えるであろう。

少なくとも、私は投資ポートフォリオについてそのように考える。自ら選択した株式のそれぞれに対する自信があればあるほど、安心していられるためにポートフォリオに組み込む必要がある企業は少なくなるのである。しかし、株式と株式ポートフォリオの構築を異なるものととらえている投資家がほとんどである。

どういうわけか、所有権がミスター・マーケットの気分次第で変動する株式に分割されると、個人も専門家もリスクというものをおかしなふうに考え、そして計測し始めるのである。短期的な考えや過度に複雑な統計が関与すると、ほとんど理解していない企業をたくさん保有することが、優れた事業を持ち、有望で株価の割安な五つから八つの企業の株式を保有することよりも安全であるかのように思え始めるのである。要するに、標準的な利益を予測し、個別株式を評価する能力、知識そして時間のある数少ない人々にとっては、実際のところ保有する株式が少ないことのほうが、利益も上がり、安全で、そして楽しいのである。

第12章

　歯の妖精にはそれを信じさせるような何かがある。どうしたことか、私はそこで実際に何が起きているのかを子供たちに白状することができなかった。おそらく私は子供たちにできるかぎり長い間子供のままでいてほしい、または子供のころの無邪気さを大事にしてほしいのかもしれない。しかし、理由が何であれ、問題となっているさまざまな枕の下にお金が神秘的に現れているにもかかわらず、私は最も激しい尋問の間、岩のように押し黙っているのである。

　しかし、間一髪で難を逃れたことが何度かあった。私はある日小学一年生の子供が学校から新たな情報（彼らが取ってくる校庭にぶら下がっているものは恐ろしいものである）を家に持ち帰ったときに万策が尽きたと思った。私が何年間もずっと時間稼ぎをしていたことも顧みず、友人が秘密を漏らしたようである。落胆を抑えようとでき得るかぎりのことをしていると、小さなシャーロック・ホームズが「歯の妖精がだれだか知っているよ」と断言した。私が逃げ出そうとしていると、彼は「ビリー・ゴードンのママだよ」と続けたのである。

ビリー・ゴードンの母親が毎夜歯を集め、お金を支払いながら全世界を徘徊していることが、いかにおかしな物流的そして財政的悪夢であるかを説明したことで、私は特定の誤報を抑えることができたのである。そして幸運にも、調査能力が欠如していたからか、単に年を重ねるにつれて私の調子に合わせることを学んでいたからか、その後わが家の子供たちがそれ以上この問題を追求してくることはなかった。

しかし、ここにこそ守秘義務に反しない秘訣がある。私の家庭においては、子供たちがどの話を信じようと私にとって問題ではない。しかし、株式市場において彼らに知ってほしい話はたったひとつである。厳しく、また不公平でもあるが、われわれはみんないつかは成長しなければならないのである。そして、そろそろ読者がそれを知ってもよいころである。ではお伝えしよう。ウォール街に関して言えば、**歯の妖精が存在しないということはない**（もちろん、文法上は二重否定となっているが、私はまだ何も認めていない）。

もちろん、ウォール街ではお金が読者の枕の下に魔法のように現れることはないであろう。だれもタッグを組んでくれないし、だれも読者の世話をしてくれないし、また読者が良い助言を求めて頼ることができる者もいない。ひとたび自宅の温かさと快適さをあとにしてしまえば、あとは独力でやらなければならないというのが真実である。

なぜこれが真実であるかを理解するために、ウォール街を少し歩いてみよう。しかし、出かける前に幾つか仮定を立てよう。第一に読者は長期間（この場合の長期間とは少なくとも向こう三～五年、願わくばそれ以上の間、通常の出費を賄うためにそのお金を必要としないという意味である）、投資に充てたいと考えているお金をいくらか持っている（ミスター・マーケットは短期的には何をしでかすか分からないので、向こう数年間は必要なお金は銀行に預けておくのが最も良い。さもなければ、読者は誤ったとき――例えば、支出に充当するためにお金が必要なときや、落ち込んだミスター・マーケットが読者が保有する株式に安い価格を付けているとき――にミスター・マーケットに売却せざるを得なくなるであろう）。次に、投資からできるかぎり多くの利益を上げたいと考えているが、無理なリスクを負うつもりはない。そして最後に（これは概して真実であるが）、読者は長期にわたり高い収益を上げ得る可能性が最も高いのが株式市場であることを知り、自分のお金のほとんどをそこに投資したいと考えている。それではよろしい。どこから始めようか。

さて、代表的な停留所のひとつがわれわれと仲の良い隣人、株式仲買人である。これは読者の手を取り、投資の手助けをすることを生業とする投資の専門家である。読者の仲買人は、読者が個別株、債券、投資信託や、その他さまざまな代替投資から選択を行う手助けをするだろう。読者が十分なお金を持っていれば、彼または彼女は読者に電話をかけ、読者の要望を理解しようとし、そして提案や助言をくれることだろう。

しかし、困ったことがある。読者の仲買人がほかの多くの仲買人と同じであれば、彼または彼女はどのように読者を助けたらよいか分からないのである。

ほとんどの株式仲買人が読者に株式や債券やほかの投資商品を販売することで手数料を受け取る。彼らは読者にお金を稼がせることで報酬を得るのではないのである。もちろん、読者が成功すること、そして多くの人が幸福になることは彼らにも関心のあるところではあるが、善意の専門家である株式仲介者の主たる動機は読者に何かを売りつけることである。彼らは規則に従い、特定の金融用語を理解し、そしてさまざまな金融商品を説明できるよう訓練されている。株式市場やその他の場所で読者にお金を儲けさせる方法などは、忘れたほうがよい。

それならば、ミューチュアルファンドにお金を投資したほうがましである。これこそが賢明なる投資家のための完全なる解決策である。ミューチュアルファンドはプロの資産運用者によって運用されている投資ファンドである。運用者はひとつのファンドのなかで概して三〇～二〇〇の異なる有価証券から、さまざまな種類の株式や債券などを選択する。これは、個人投資家が自分の投資資金で広く分散投資を図る極めて効果的な方法である。

しかし、ここにも幾つかの問題がある。すでに議論したように、異なる企業や有価証券に特別な見識を持つことは難しい。結果として、何十または何百ものポジションを保有しても、平均を上回る収益率を上げられないことがしばしばある。そしてもちろん、少額の手数料もかかる。投資信託会社は自分たちのサービスに対して手数料を課す必要がある。基礎的な数学によれば、平均的収益から手数料を引くと平均以下の収益となる。驚くことなかれ、手数料やその他の費用を差し引いたあとではほとんどのミューチュアルファンドが長期にわたり市場平均を上回ることができないのである。

しかし、それもよい。われわれは平均以上の能力を持った運用者を抱えるミューチュアルファンドを探すことができる。単にファンドの実績を見ればその運用者が平均以上かどうかは比較的容易に判別できる。この戦略に伴う唯一の問題は概してファンドの過去の優れた投資成績と将来の収益との間にはまったく関係がないということである。ミューチュアルファンドを評価する企業でさえ、将来、どのファンドが優れた業績を上げるかを判断することについては乏しい実績しか残していない。

これには多くの理由があるが、そのいずれも解決するのが難しい。投資信託会社はそれぞれのファンドにどれだけ多くの資金が投資されたかに基づいてお金を受け取るのである。優れた業績を持つファンドは多くの場合、長期にわたってより多くのお金を引きつける。ひとたびファンドが大きく成長してしまうと、運用者にとって優れた収益を上げてきたこれまでの戦略を継続することは難しくなるであろう。数少ない優れた考えが、より大きなお金の山の上に薄く広まってしまうだろう。もしより小さな企業に対する投資が成功の一翼を担っているのならば、このような投資はより大きなファンドではもはや不可能となるかもしれない。

また有能な運用者であっても、ちょうど魔法の公式のように業績が悪いときもあり、反対に無能な運用者でも業績の良いときもある。数年間という期間を取っても、どちらがどうというのは極めて難しい。私は小言を言っているが、事実は事実である。過去の優れた投資結果が将来の収益率を予測するのに役立つということはほとんどなく、優れた運用者を見つけだすことは魅力的な個別株式を選択することよりも難しそうである。そして、もし読者が魅力的な株式を見つけだすことができるならば、おそらく優れた運用者は必要ないだろう。

では、その代わりにヘッジファンドへの投資を検討するかもしれない。これらは、たいてい非常に裕福な投資家向けに作られた完全に非公開の投資信託である。残念ながら、ほとんどの場合、少なくとも五〇万ドル程度の投資資金を保有していなければ、おそらくこの選択肢を取ることすらできないであろう。法律によって、ほとんどのヘッジファンドが多額のお金を失う余裕のある投資家しか受け入れることができないのである。しかし、たとえ読者がこの怪しげな名誉に浴したとしても、それが取るべき賢明な道かどうかは不明である。

ヘッジファンドはほかのほとんどのミューチュアルファンドよりも融通の利く投資信託である。運用者はさまざまな有価証券を取得するためにファンドの資金を用いたり、お金を借り入れたりすることができる。一般に、彼らは株式、ほかの有価証券、または市場平均全体が上がるか下がるかに賭けることができる。ほとんどのミューチュアルファンドは所有する証券が上昇したときにだけお金が稼げるように制限されているのである。ヘッジファンドが多くの異なる有価証券の上昇や下落に賭けられることは、彼らがお金を借り入れることができることと合わせて多くの標準的なミューチュアルファンドよりも大幅に有利な点であると考えられている。確かにそうかもしれない。しかし、ほとんどのヘッジファンドが少なくとも運用資産の一％と利益の二〇％という巨額の手数料を課してくる。この巨額の手数料に魅せられて、過去数年間に何千ものヘッジファンドが新たに組成されたことは疑う余地がない。優れた運用者は少なく、また読者がそれを見つける可能性も極めて限られている。

それゆえ、多くの人々がインデックスファンドへの投資を選択するのである（もしくは、株式取引と同様に売買されるインデックスファンドであるETF）。インデックスファンドは、極めて少額の手数料で、収益率が市場全体のそれと等しくなるようにするミューチュアルファンドである。これらのファンドは、おそらくは大企業五〇〇社からなるインデックスであるS＆P五〇〇やより小さな企業二〇〇〇社からなるラッセル二〇〇〇などの市場インデックスを選択し、その特定のインデックスに含まれるすべての株式を買うのである。

この戦略は読者が市場に打ち勝つのには役立たないけれども、少なくとも市場平均に近い収益率を達成するのには役立つだろう（また、もし読者が非課税の退職口座を用いずに投資を行っており、税金が心配の種なのであれば、この戦略が読者が支払わなければならない税金の額を最小限にするであろう。というのも、通常インデックスファンドは特定の銘柄がインデックスの構成銘柄から外されないかぎりは、保有する株式を売却することはない。これはたいてい一年間のうちインデックスに組み込まれている銘柄の一〇％にも満たないものである）。手数料やその他の費用を考慮に入れたあとでは、ほかのほとんどの投資対象はインデックスファンドよりも大幅に低い収益率しか残らないので、この問題を熱心に研究した人のほとんどが平均的な収益を受け入れることが実際にはとても良い代替案であるとの結論に達するのである。実際に過去八〇年にわたり、株式市場の平均収益率は年利一〇％を超えるものである。まったく悪くはない。

しかし、読者が平均を上回りたいと考えたらどうだろうか。それに応えることのできる停留所はないということが真実である。というのも、私が以前に述べたことのとおり、歯の妖精が存在しないということはないからである。ひとたび家を出れば、読者は自分のお金を専門家の枕の下に入れることはできるが、目が覚めたら、ひどい業績であることが関の山である。

もちろん、読者が尋ねようとしていることは分かっている。どこか行けるところはないのだろうか。何かできることはないのだろうか。だれか頼れる人はいないのだろうか。

投資業に二五年も従事したあとでは驚くことではないが、私は同様の質問を何度も聞かされてきた。時には優秀なミューチュアルファンドの運用者や特段優れたヘッジファンドの運用者を推薦することもできる。すべての場合においいて、問題のファンドは組成当初の規模の何倍にも大幅に成長するが、投資機会はかなり短い期間にほとんど消え去ってしまう。また、時折株式情報を伝えることで人々を助けようともしてきた。しかし、私がたまに提供する株式情報はそれほど信頼できるものではなく、また長期的な投資戦略に広く有効なものでもない。

それゆえ私はいつも途方に暮れてしまう。読者ができるかぎり何もしたくない、そして平均的なリターンでも気にしないというのであれば、インデックスファンドは素晴らしい選択肢となり得るだろう。しかし、読者に企業を分析する能力があり、必要な仕事には喜んで取り組むというのであれば、個別株を選別するということは実行可能な代替案となり得る。唯一の問題は、ほとんどの人が個別企業を分析する時間も能力も持っていないということである。前章で検討したとおり、企業を評価し、向こう数年間の平年の利益を予測する方法を知らないのであれば、第一に読者には個別株に投資する権利はないのである。

そこで困ったことがある。信じられないようなことであるが、読者が本当に市場に打ち勝ちたいのであれば、ひとつだけ素晴らしい代替案が残されている。もうここまでくれば、おそらく書き記す必要はないだろうが、ここでは韻を踏むだけとしよう。**魔法の公式**。

まさに、私が以前に約束したとおり、本書の最後に概説する簡単なステップに従うことで、読者は魔法の公式を用いて市場に打ち勝つことができるのである。読者は尋常でない長期的な投資収益を上げることができ、しかも低いリスクでその収益を獲得することができるのである。一歩一歩従うことで、読者はどこに行くべきか、何をするべきかを正しく知ることになるだろう。それほどの手間ではない、ほんの数カ月間、毎日何分か取り組むだけである。

しかし、それが難しい部分ではない。難しいのは読者がなぜ魔法の公式が理にかなっているかを確実に理解することである。難しいのは、友人、専門家、報道関係者やミスター・マーケットがまったく反対のことを示しているときでさえ、魔法の公式は理にかなっているのだと信じ続けることである。最後に、私はこの仕事を可能なかぎり簡単にしようとしたけれども、取り組み始めるのは難しい。

だから、幸運を祈る。私は、読者が本書の教訓に従うのであれば、投資で大きな成功を収めるであろうことを本当に信じている。このことが次章を非常に重要なものとしているのである。結局のところ、私の計算が正しければ、読者にはまだかなり大きな問題が残されているのである。私はとても真剣である。つまり、そのお金のすべてをどうするかということである。

要点

一．ウォール街には、歯の妖精がいないことはない。

二．魔法の公式と韻を踏まないものはない。

三．魔法の公式を用いて市場に打ち勝つための段階的な説明は次章が終わったところで登場する。

第13章

たくさんのお金を持っていたとしたら、読者はどうするだろうか。もちろん、これは家族や近しい人々の世話をし、老後と愛する人の将来のために準備をし、そして、ついでに幾つかのぜいたく品を買うために貯金したあとにどうするかという意味である。読者はどうするだろうか。

実際に、いつかはこの質問に答えなければならないだろう。しかし、心配しないでほしい。統計の山で読者をうんざりさせようというのではない。魔法の公式を用いることで稼いだお金のすべてについて話すつもりではない。複利という考え方全般について検討しようというのでもない。複利というものは比較的少額のお金を投資して、長期にわたり適度な収益を上げ、その投資から得られた利益のすべてを引き続き再投資し、最終的には巨額のお金となるということである。このことについて話をしようというのではない。

しかし、それは本当に残念なことである。より大きな額のお金を税制上有利な退職金口座に拠出することに対する新しい規則があるので、検討するに値することであろう。結局のところ、今から始めて、向こう数年間ＩＲＡ（個人退職年金。伝統的な退職金口座もしくはロスＩＲＡ［税金控除はできないが、利子に一切税金がかからない個人退職金口座］）に可能なかぎり多くのお金を拠出することで、読者は比較的少額のお金を巨額なものへと変えることができるだろう。過去に魔法の公式が達成した水準の収益率であれば、読者にとってこれは本当にたくさんのお金を意味し得ることであろう。しかし、残念ながらわれわれはこのことについて検討するのではない。

本当に残念なことである。向こう六年間で総額二万八〇〇〇ドル（二〇〇六年および二〇〇七年はともに年間に最大四〇〇〇ドル、そして二〇〇八年以降の四年間は年間五〇〇〇ドル、その後は一切拠出しない）を拠出することで、読者の退職金口座は二〇年後には三二万五〇〇〇ドル以上に、三〇年後には一三〇万ドル以上にまで増大し得る。それは、読者がこの投資から年利一五％の収益を上げることができるということである。

もちろん、魔法の公式のこれまでの実績は年利一五％よりもいくらか良いものではあるが、遠い将来にわたってより高い年間収益率を見積もるのは無責任であろう。

というのも、年利二〇％といった数字を採用すると、当初の二万八〇〇〇ドル（向こう二年間はＩＲＡに年間最大四〇〇〇ドルを拠出し、その後の四年間は年間の最大投資額を五〇〇〇ドルまで増加させれば、六年間で二万八〇〇〇ドルとなる）が二〇年後には七五万二〇〇〇ドル、三〇年後には四三〇万ドル以上にもなるのである。これは魔法の公式を用いて選択したより小さな企業からなるわれわれのポートフォリオのひとつが過去に上げた収益率よりも低いものではあるが、年利二五％といった桁外れに高い収益率では、二万八〇〇〇ドルは二〇年後には一六〇万ドル以上に、三〇年後には一三四〇万ドル以上となる（次のように述べると興味深いものがあるが、この例で行ったようにたった六年後に拠出をやめるのではなく、三〇年間のうち残りの二四年間も年間五〇〇〇ドルを拠出することに決めたとしたら、三〇年後、読者のＩＲＡは、六年間の拠出から得られる一三四〇万ドルに対して、およそ一六五〇万ドルまで増大する。複利について話すとしたら、この最後の二四回の拠出から得られる比較的少額の利益を見れば、複利がもたらす利益を最大限に享受するためには可能なかぎり早く取り組むことがいかに大切か分かるであろう）。しかし、実際に計算している人などいるのだろうか。そしてこのような数字になるというのに、私が言及しないでいられるわけがない。

だが、これは言わせてもらいたい。もし読者がまだ中学生か、高校生であり、だれか――彼らのスクーターがどれほど格好良かろうが、売り込みの口上がどれほど説得的であろうが構わない、だれかである――が接触してきて、ガム一枚を二五セントで買うよう読者に求めてきたとしたら、私は次の短いの助言を与える。

買うのはやめなさい。

読者が今にも隅に追いやられ鼻先にガムの束を突きつけられかねないからそう言うのではない。もし読者が、上手に投資した二五セントがどのようにして読者が壮年期を迎えるまでに二〇〇ドル以上になり得るのかを理解しているのであれば（二五セントを年利二五％で三〇年間投資すると二〇〇ドル以上になる。もちろん、私は実際に読者がこのような収益を上げられると言っているのではない――ご存知のとおり、私はけっしてそのようなことは言っていない）、ガム一枚のためにそんな大金を浪費しないであろうから言っているのである。読者はたくさんのものにお金を費消しないかもしれない。その代わりに、貯蓄が可能であり、時間を費消することが優れた投資方法であることが分かったときはいつでもお金を貯めることを考え始めるだろう。

残念ながら、私がまだ述べていないことがひとつある。読者の将来の投資に魔法の公式を用いることで、過去の優れた業績と同様の結果が保証されるということである（しかし、市場平均はわれわれが検証した一七年間でおよそ年利一二％［配当を含む］の収益を上げているが、将来の収益は年利六～一〇％程度であると推測されるので、読者は魔法の公式を用いることで将来得たい、または得られると期待する絶対的な収益率を、今回の検証で得られた結果から三～四％下方修正することから始めたいと思うであろう。しかし、もう一度述べるが、私には本当に分からない）。私には分からないが、次のことは述べることができる。

将来の投資の指針とするために魔法の公式やその裏にある原理を用いることは、読者にとって最も良い投資代替案のひとつであり続けるであろうと私は確信している。結果が良いときも悪いときも読者が魔法の公式戦略に忠実であり続けることができるのであれば、長期にわたり市場平均にわけなく打ち勝つであろうことを私は確信している。要するに、私はみんなが魔法の公式を知ったあとでさえ、読者の業績は「極めて満足いく」ものであるだけでなく、少々の運があれば並外れた結果となるであろうと確信している。

では、よく聞いてほしい。最終的に読者が魔法の公式を用い、それが自らの幸運に感謝するほどのお金を稼ぐのに役立つとしたら、読者は次のように考えるだろう。実際に、株式市場への投資に充てられたすべての時間と労力はけっして時間を建設的に利用したものではない。読者が公開企業（財務情報を政府に提出し、一般大衆がその株式を売買する企業）の株式を売買するときは、たいていいほかの株主と売買しているだけである。言い換えれば、当該企業はまったく関係していない。企業はこの取引から何も得ることはないのである。

にもかかわらず、この売買行為のすべては極めて有効であると多くの人々が主張する。株式の売買を通じて、株式の活発な市場が確立するとこれらの人々は主張するであろう。理論上、企業が追加資金を必要とするならば、この市場で追加的に株式を売却することを決定することができる。企業はそうして調達した資金を費用の支払い、工場の建設や何かほかの方法での拡張などに充当することができる。これはすべて真実である。

また、もしジェイソンが彼のガムショップ・チェーンを一〇店舗から三〇〇店舗に拡張すると決定したならば、彼は自分の新しく、そして成長している会社の株式を直接大衆に売却し、拡張に必要な資金を調達することができるのである。ジェイソンズ・ガム・ショップ株の買い手は当初取得したあとでそれらの株式を売却するための市場が存在することを知っているので、ジェイソンにとっては自分の会社に必要な資金を調達するのがより容易かもしれない。株式取引に大きな価値を見いだす人々はこの点についても正しいのである。

しかし、私はそのような人々には与しない。確かに市場があることは良いことである。実際に市場はとても重要である。しかし、日々行われる売買の九五

％以上はおそらく不必要である。その取引のほとんどすべてがなかったとしても市場には問題ない。読者の貢献がなかったとしても、市場にはまったく問題ないのである。

実際に、私は各学期の最初の講義で自分のクラスのＭＢＡ（経営学修士）の学生すべてに、これから教える技能には限られた価値しかないと伝えている。学生が学ぶことからたくさんのお金を稼ぐことができる可能性がないということではない。彼らの時間と知性をより有効に用いる方法がほかにあるはずであるということである。結果として、彼らに講義することと引き換えに、私はいつも学生たちに還元するための方法を見つけるよう求めるのである（もう少し検討するために、章末のコラムを参照してほしい）。

これは読者についても同じである。私は本書ならびに次章が読者が投資のゴールに到達する助けになることを期待している。また、そうなることを強く確信している。そして、読者にとって重要かつ意味があることにプラスになるようその財産の一部が用いられることが、読者の投資の目的のひとつとなることを願っている。

幸運を祈る。

もちろん、近しい人々や愛する人々の世話をすることのほかにも読者のお金を使って取り組む価値のあることはたくさんある。それが医学研究を支援すること、貧しい人々を援助すること、社会正義を促進すること、または読者が信じるなんらかの主義を大いに支持することのいずれであっても、そのすべてが読者の慈善資金を用いるに当たっては素晴らしい選択肢であることは明らかである。しかし、本書は全般にわたって読者のお金を高い資本収益率（return on capital）をもたらすところに投資することについて述べているので、読者に検討してほしいもうひとつの考えを示す。

われわれの経済を成長させ、繁栄させることに貢献する企業家、科学者、技術者、科学技術者や高水準の労働力を育成するのは教育制度である。長期的には、株式市場の業績はこの教育制度の進歩を反映する。しかし、われわれが将来の可能性の多くを浪費してしまっていることも明らかである。米国のほとんどすべての大都市において、公立の学校に入学する中学三年生のうち最終的に高校を卒業するのは辛うじて半分程度である。少し考えてほしい。この悲惨なまでの荒廃には多くの理由があることは疑いないが、それが何であれ、問題がすべての学年に広く影響を与えていることは明らかである。中学三年生になる学生の多くがすでに四、五年分学力が遅れているのである。

では、どのようにしてこの問題を解決すべきだろうか。言うまでもなく、若者を教育することが最優先であり、子供たちに生産的な社会人となるために必要な技能を教えることにお金を費やすことは素晴らしい投資である。高い資本収益率とはまさにこのことである。悪事を犯すこと、例えば犯罪、麻薬そして戦争にかかる負の費用があることも明らかである。では、どのようにしてこの問題を解決しようというのだろうか。

資本主義の下では、かなり容易である。もしジャスト・ブロッコリー（Just Broccoli）のような企業を立て直そうとするならば、第一に幾つかの点を変えようとするだろう。おそらく駄目な管理職を解雇し、より良い販売員を採用したり、何らかの宣伝活動をしたりするだろうが、最終的に結果が改善しなければ、店舗をたたむことだろう。現在の資本主義という制度の下では、適正な資本収益率を上げることができない企業は最終的に廃業することになる。それは極めて健全なことである。資本主義の下では、少ない収益しか上げることのできない投資にお金を投じ続けるのではなく、新たな資金を生産的に用いることができる企業へと資金が体系的に向かうのである。そのようにして、われわれの経済は長期にわたり成長し、繁栄し続けるのである。

では、われわれはどのようにして公立学校の制度を立て直すことができるだろうか。第一に読者は幾つかの点を変えようとするだろう。不出来な教師を解雇し、優れた教師の給料を上げ、悪い校長を排除し、そして最後に悪い学校を廃校にしようとするだろう。悪い学校に費やされていた資金は、それが公立であろうが私立であろうが、投じた資本に対してより高い収益率を上げることができる学校へと向かうことだろう。残念ながら、都市部の公立学校の場合、同様の問題が四〇年以上も続いており、「立て直し」も同様に続いているのである。

次のような理由からこの違いが生まれている。資本主義では、立て直しがうまくいかなければ、企業は廃業となる。しかし、公立学校ではこのようなことはめったに起こらない。悪い教師を解雇したり、優れた教師の給与を増やしたり、または悪い学校を廃校にすることなど不可能である。要するに、業績の低さに対する罰や業績を上げることへの動機づけまたは業績の低い企業を経営することに対する責任といったものが存在しないのである。

結果として、悪い教師や悪い学校に費やされていた資金がより高い資本収益率を上げることができる教師や学校への向かうことはけっしてないのである。それゆえ、われわれが資本主義について学んだことを適用したいのであれば、その対象が公立学校の改革であろうが、チャータースクールであろうが、または配給券の制度であろうが、これらの問題を解決しなければならないのである。さもなければ、われわれは将来長きにわたってジャスト・ブロッコリーのような学校制度に付き合わされることとだろう（http://successforall.net/ や http://allianceforschoolchoice.com/ などのウエブサイトを検討するであろう）。

段階的な説明

全体像は次のとおりである。ご存知のとおり、魔法の公式はこれまでに優れた業績を残してきた。それゆえ、われわれの目的は、そのような優れた結果を再現するのに役立つ、分かりやすい計画を立てることである。しかし、いかなる戦略も採用する前に検討しなければならないことが幾つかある。

第一に、本書で紹介された収益率は魔法の公式に基づいて選択したおよそ三〇銘柄の株式からなるポートフォリオを保有した場合を基礎としているので、少なくとも二〇～三〇銘柄の株式を一度に保有するということをわれわれの計画のなかに確実に盛り込まなければならない。概して魔法の公式は機能するので、それが高いランク付けをした多くの株式を保有することは、われわれが長期にわたりその平均に接近し続けるのに役立つはずであるということを覚えておいてほしい（もちろん、読者がすでに企業を分析し、また自分で分析を行う能力を有しており、魔法の公式を単に魅力的な個別銘柄を見つけるための指針として利用しているだけなのであれば、読者はこのような分散を行う必要はない。一方、ほとんどの投資家がそうではあるが、個別銘柄の分析をほとんど行っていない、またはまったく行っていないのであれば、魔法の公式が選択した二〇～三〇銘柄に分散することが読者にとって正しい計画であることはまったく疑う余地がない)。

第二に、われわれが行った検証では、すべての株式を一年間保有した。非課税口座を用いているのであれば、株式を一年間保有するということは良いことである。しかし、課税口座であれば、少々調整を行いたいと思うであろう。含み損が発生している個別株式であれば、一年の保有期間が終了する数日前に売却したいと思うだろう。利が乗っている株式であれば、一年の保有期間が終了した一日または二日後に売却したいと思うだろう。このようにして、われわれが上げた利益のすべては長期的な株式譲渡益に付されるより低い税率(連邦政府のガイドラインでは、一年以上保有した株式に対しては最大一五%の税率である)を享受し、損失のすべては短期的課税措置(最大三五%の税率が課されるほかの収入源からその損失額が控除される)を受けるのである。長期的には、この微調整がわれわれの税引き後の投資収益率を大幅に増大させ得るのである。

最後に、取り組み始めることが最も難しいことであることを知らなければならない。おそらく、一度に三〇銘柄すべてを買いたいとは思わないだろう。われわれが行った検証の結果を再現するためには、初年度の投資で三〇銘柄を魔法の公式に基づいたポートフォリオのなかに組み込まなければならないであろう。つまり、ポートフォリオに組み込まれる株式が二〇～三〇銘柄に達するまで、数カ月間は毎月五～七銘柄をポートフォリオに組み込まれている株式が一年の保有期間に達したときに、一年間保有した五～七銘柄の株式だけ入れ替えを行うのである。少々紛らわしいとしても心配しないでほしい。順を追って説明を続ける。

それでは次に、魔法の公式が選択する株式を見つけるための幾つかの方法を検討する必要がある。取得可能な株式を調べる検索ソフトについては、インターネットを基盤としたもの、データの更新にインターネットを利用するソフトウエア、ともに多くの選択肢がある。そのうちの幾つかは無料で利用できるものもあれば、一カ月最大九九ドルか、それ以上というものもある。それぞれ操作性、信頼性、柔軟性およびデータソースの幅という点について長所も短所もある。次に検討する特定の条件を適用すれば、ほとんどのソフトが魔法の公式が選択する株式群を導き出すであろう。

検索方法のひとつは、本書のために特別に作られたウェブサイトである http://magicformulainvesting.com/ を利用することである。このサイトはわれわれが検証した結果、成し遂げた収益率を可能なかぎり厳密に再現できるよう作られたものである。このサイトは現在無料で利用可能である。株式選択のための使用法は順を追って後述する。

これに限られたことではないが、ほかの選択肢としては、http://businessweek.com/ や http://aaii.com/ や http://powerinvestor.com/ または、http://smartmoney.com/ の検索ソフトを利用することである。それらの情報源は一般に優れており、無料か、適正な価格で利用することができるが、魔法の公式が選択した株式を選別するよう特別に作られたものではない。これらは魔法の公式に基づく結果に大まかに似たものをもたらすにすぎない。というのも、利用者が選択できる条件や情報源に違いがあるからである。なお、一般的な利用方法は各サイトに掲載されている。

もし http://magicformulainvesting.com/ 以外の検索方法を用いるのであれば、魔法の公式に最も近似した結果を得るために、次のように進めればよい。

●検索条件としてＲＯＡ（総資産利益率）を用いる。最小ＲＯＡを二五％に設定する（これが魔法の公式で学んだ資本収益率［return on capital］の代わりとなる）。
●上記の結果選ばれたＲＯＡの高い株式群のなかから、ＰＥＲ（株価収益率）の最も**低い**順に選り分ける（これが魔法の公式で学んだ**利回り**の代わりとなる）。
●電力株や金融株（例えば、ミューチュアルファンド、銀行ならびに保険会社など）をリストから外す。
●外国企業をリストから外す。たいていの場合、これらの企業は株式という名の「ＡＤＲ」（「米国預託証券」）を発行しているだろう。
●株式のＰＥＲが例えば五％またはそれ以下といった非常に低いものであるならば、それは前年の、または用いられたデータが何らかの理由で例外的なものであることを示している可能性がある。これらの株式はリストから外したい。また、前週に利益を発表した、いかなる企業も外したいところである（そうすることで不正確なデータや時機を失ったデータが発生する確率を最小化できる）。
●リストを手にしたら、次に述べるhttp://magicformulainvesting.com/の指示

のステップ4から8に従えばよい。

選択肢1

ステップ1

http://magicformulainvesting.com/ に行く

ステップ2

企業の規模を選択するための指示に従う（例えば、時価総額が五〇〇〇万ドル以上、二億ドル以上または一〇億ドル以上など）。ほとんどの個人にとって、時価総額が五〇〇〇万～一億ドルを超える企業であれば規模としては十分であろう。

ステップ3

魔法の公式が上位にランク付けした企業のリストを取得する指示に従う。

ステップ4

上位にランク付けされた企業を五～七社取得する。手始めに読者が初年度に投資に充てようと考えている資金の二〇～三三％だけを投資すればよい（資金量が少ないのであれば、取引を始めるに当たってはhttp://buyandhold.com/やhttp://scottrade.com/のような手数料の安いオンライン取引を行える仲介業者が良いであろう）。

ステップ5

魔法の公式に基づくポートフォリオに充当することにした資金のすべてが実際に投資されるまで二～三カ月ごとにステップ4を繰り返す。九～一〇カ月後、ポートフォリオに組み込まれた株式は二〇～三〇銘柄となる（例えば、三カ月ごとに七銘柄または二カ月ごとに六銘柄）。

ステップ6

それぞれの株式は一年間保有したら売却する。課税対象となる口座を利用しているのであれば、前述のとおり、利の乗った株式は一年と数日保有したあとに売却し、含み損のある株式は一年が経過する数日前に売却する。売却によって得た資金や追加の投資資金は、売却した企業を置き換えるために、新たに魔法の公式が選択した企業から売却した銘柄数と同数の企業を取得する（ステップ４へ）。

ステップ7

この過程を何年間か繰り返す。**いかなる結果であろうと最低でも三～五年の間はこの過程を続けることに専念しなければならないということを覚えておい**

てほしい。さもなければ、読者は魔法の公式がその機能を発揮する機会を得る前にやめてしまうことになるだろう。

ステップ8

自由に私あてに感謝の手紙を送ってほしい。

付録1　魔法の公式

重要通知

この付録は必ずしも読む必要はない。魔法の公式戦略をうまく利用するために、読者が理解しなければならない基本的なコンセプトは二つだけである。ひとつは、優れた企業を割引価格で取得することは理にかなっているということである。概してこれは魔法の公式が行うことである。二つ目は、ミスター・マーケットが掘り出し物を認識するには数年の時間を要することがあるということである。それゆえ、魔法の公式戦略は忍耐を必要とする。本章で後述する情報はこれら二つの点についての追加的な解説にすぎない。

本章は財務諸表についてより高い水準の知識を有する人々のための、魔法の公式についての参考資料である。また、魔法の公式の論理と公式がも

たらす結果を、市場に打ち勝つ能力があることが実証されているほかの研究成果や投資法と比較している。

魔法の公式は資本収益率（return on capital）と利回りという二つの要素に基づいて企業をランク付けしている。これらの要素は幾つかの異なる方法で測定することができる。本書での研究のために選択した測定方法は以下に詳しく述べられている（本書の研究に当たって、利益関連の数字は直近一二カ月の数字に基づき、貸借対照表の科目は直近の貸借対照表、株価は直近の終値に基づいている。電力株、金融株や、データベースの情報が時機にかなっていないか、完全なものであるとの確信が持てない企業については除外した。また、特定の無利子負債についても調整を行った。今回の研究では検証期間を通じて、平均三〇銘柄を保有するようにした。流動性の乏しい銘柄についても対象から除外した。時価総額は二〇〇三年のドルの価値を基準としている。また、各一〇％に含まれる企業数および時価総額で分類した企業数は、データベースに含まれる企業数が検証期間を通じて変化するため、変動している）。

1・資本収益率（return on capital）

ＥＢＩＴ（金利税引き前利益）÷（正味運転資本額＋純固定資産額）

資本収益率は使用されている有形資本（正味運転資本額＋純固定資産額）に対する金利税引き前の営業利益（ＥＢＩＴ）の比率を算出することで求められる。幾つかの理由からＲＯＥ（株主資本利益率）やＲＯＡ（総資産利益率）などより一般に用いられる比率ではなくこの比率を利用した。

各企業は異なる借り入れ水準ならびに異なる税率の下で経営されているので報告利益の代わりにＥＢＩＴ（言い換えれば、金利税引き前利益）を用いた。金利税引き前利益つまりＥＢＩＴを用いることで、税率や借り入れ水準の違いから生まれる曲解を避けながら異なる企業の営業利益を比較検討することができる。そうすることで、各企業がそれらの事業から得た実際の利益（ＥＢＩＴ）とそれらの利益を生み出すために用いられた資産にかかる支出とを対比することが可能となるのである（本書の研究に当たっては、事を簡潔にするために、減価償却費［非現金費用］は、設備の維持に必要な資本支出［損益計算に含まれない現金費用〕におよそ等しいものとした。それゆえ、ＥＢＩＴＤＡ〔金利税金償却前利益〕－資本的現金費用＝ＥＢＩＴ〔金利税引き前利益〕としている）。

ＲＯＡの算出に用いられる総資産やＲＯＥの算出に用いられる株主資本の代わりに正味運転資本額＋純固定資産額（使用されている有形資本）を用いた。これは企業が事業を行うに当たり実際に必要な資本はどの程度かを算定するためである。企業は売掛金や在庫（事業を行うに当たり必要とされない余剰資金はこの計算からは除外している）に対しては資金を拠出しなければならないが、必ずしも買掛金に資金を充当する必要はなく、これらは事実上無利息の貸付金となるので（短期の有利子負債はこの計算では流動負債から除外している）、正味運転資本額＋純固定資産額を利用した。必要な運転資本に加えて、企業は、事業を行うために必要な不動産、工場や設備などの固定資産を購入するための資金も調達しなければならない。これらの固定資産の減価償却費の純額は、使用されている有形資本を見積もるときにすでに算出した必要となる運転資本の純額に加えている。

注記

無形資産、特に営業権は使用されている有形資本の計算から除外している。営業権は通常、ほかの企業を買収した結果として発生する。通常、買収費用のうち取得した有形資産額を超過する部分に営業権という科目が振られる。将来事業を行うためには、買収側の企業は工場や設備などの有形資産を置き換えなければならない。しかし、営業権は常に置き換えられる必要のない実際原価なのである。それゆえ、たいていの場合、営業権を除外した有形資本のみに対する収益率のほうが事業が将来上げる資本収益率を正確に反映していると言えるであろう。それゆえ、多くの投資アナリストが利用するROEおよびROAの計算は、税率や借り入れ水準が異なることによる曲解だけでなく、財務諸表上の株主資本や資産と、有形の株主資本や資産との違いを無視しているがために歪められていることがしばしばある。

二．利回り

ＥＢＩＴ÷ＥＶ（企業価値）

利回りは企業価値（株式時価総額［優先株を含む］＋有利子負債の純額）に対するＥＢＩＴ（金利税引き前利益）の比率を算出することで求められる。幾つかの理由から、より一般に用いられるＰＥＲ（株価収益率）またはＥＰＲ（収益株価率）ではなく、この比率を用いた。これは単純に企業の取得価額に比してどのくらいその企業が稼いでいるかを算定するためである。

単なる時価総額（つまり、発行済み株式総数に株価をかけた株式時価総額）の代わりにＥＶを用いたのは、ＥＶでは企業の株式の取得にかかる金額と営業利益を生み出すために企業が用いている借り入れによる調達資金との双方を考慮に入れているからである。ＥＢＩＴ（金利税引き前利益）を用い、それをＥＶと対比することで、企業の取得価額全体に対する税引き前の利回り（すなわち、株主資本や引き継ぐ負債の価額に対する税引き前営業利益）を算出することができる。こうすることで、利回りを比較するときに、借り入れ水準や税率の異なる企業を同様の条件の下に置くことができるのである。

例えば、八〇万ドルの抵当権と二〇万ドルの所有権からなる取得価額一〇〇万ドルのオフィスビルの場合、所有権の価額は二〇万ドルであるが、ＥＶは一〇〇万ドルである。もしこのビルが一〇万ドルのＥＢＩＴ（金利税引き前利益）を生み出すとしたら、ＥＢＩＴ÷ＥＶ、別の言葉で言えば税引き前利回りは一〇％となる（一〇万ドル÷一〇〇万ドル）。

しかし、所有権の額だけを考慮すると、負債を利用していることが同じ資産を取得することから得られる表面的な収益率を著しく歪めかねないのである。八〇万ドルの不動産担保融資の金利が六％、法人税率が四〇％と仮定すると、二〇万ドルの所有権取得から得られる税引き前利回りは二六％ということになる（ＥＢＩＴ一〇万ドルから支払利息四万八〇〇〇ドルを引くと、税引き前利益五万二〇〇〇ドルとなり、五万二〇〇〇ドル÷二〇万ドルは二六％となる。ＥＰＲもしくは税引き後利回りは一五・六％［ＥＢＩＴ一〇万ドル引く支払利息四万八〇〇〇ドル引く所得税二万八〇〇ドルで税引き後利益三万一二〇〇ドルとなり、三万一二〇〇ドル÷二〇万ドルは一五・六％］である。この一五・六％という収益率は、税引き後のＥＢＩＴ÷ＥＶが六％、言い換えれば、ＥＢ

ＩＴに税金が満額課されている、または税引き後の純営業利益をＥＶで割ったと判断するとまったく遜色のないものであろう。気をつけなければならないのは、六％という税金が満額課されているＥＢＩＴのＥＶに対する比率はリスクのない一〇年物の財務省債券の金利に対する代替投資案を評価するときに用いる利回りであり、一〇％のＥＢＩＴ÷ＥＶと比較するものではない）。借り入れ水準が変化するにつれて、所有権に対する税引き前利回りは変化し続けるが、建物の取得にかかる費用一〇〇万ドルとその建物から生まれる一〇万ドルのＥＢＩＴは変わらないであろう。言い換えれば、ＰＥＲおよびＥＰＲは借り入れ水準ならびに税率の変化に大きな影響を受けるが、ＥＢＩＴ÷ＥＶはその影響を受けないのである。

AとB、二つの企業について検討してみよう。これらは実際に同じ企業つまり売上高、営業利益やその他すべてが同じであるが、企業Aには負債がなく、企業Bには五〇ドルの負債（金利は一〇％）があることだけが異なる。数字はすべて一株当たりのものである。

企業Aの株価は一株当たり六〇ドル、企業Bは一株当たり一〇ドルであ

	企業A	企業B
売上高	100ドル	100ドル
EBIT	10	10
支払利息	0	5
税引き前利益	10	5
法人税（税率40%）	4	2
純利益	6ドル	3ドル

る。どちらが安いだろうか。

では、見ていこう。企業AのPERは一〇（六〇ドル÷六＝一〇）、企業BのPERは三・三三（一〇ドル÷三）である。企業AのEPRまたは利回りは一〇％（六÷六〇）、企業Bのそれは三〇％（三÷一〇）である。では、どちらが安いだろうか。答えは明白である。企業BのPERはたった三・三三であり、利回りは三〇％である。これは企業AのPERが一〇、利回りがほんの一〇％に比べればかなり安いように思われる。では、企業Bの方が明らかに安いということで良いだろうか。

そうはうまくいかない。両企業の

	企業A	企業B
EV（時価総額＋負債）	60＋0＝60ドル	10＋50＝60ドル
EBIT	10	10

EBIT÷EVを見てみよう。両社は同じである。企業全体を取得しようとする人にとって、一株当たり一〇ドルを支払い、その他に一株当たり五〇ドル借り入れがあることと、一株当たり六〇ドル支払い、その他に一切借り入れがないことのどちらが問題だろうか。どちらも同じことである。どちらにしても読者は一〇ドル分のEBITを六〇ドルで取得しようとしているのである（例えば、建物に二〇万ドルを支払い、八〇万ドルの抵当権を引き継ぐのも、最初に一〇〇万ドルを支払うのも、読者にとっては同じことである。どちらにせよ、建物の取得にかかる費用は一〇〇万ドルである）。

付録2　欠陥のあるランダムウォーク

何年もの間、学者たちは割安な株式を確実に見つけることが可能かどうかを議論してきた。広義のランダムウォーク、または効率的市場仮説と呼ばれることがあるこの考えは、その大部分において株式市場は非常に効率的であり、一般に出回っている情報をすべて取り込み、株価を付けていると唱えている。つまり、知力ある買い手と売り手の相互作用を通じて、市場は非常にうまく機能し、株式に「適正な」価格を付けるということである。この理論が、長期間市場平均に打ち勝つことができないという事実（管理手数料とその他の費用を差し引く前であろうと差し引いたあとであろうと）と合わせ、ほとんどのプロの運用者を単にポートフォリオの収益率を市場のそれに一致させようとする費用効率の良い戦略であるパッシブ運用へと向かわせるのも当然である。

もちろん、長年にわたり市場に打ち勝つことのできる戦略を発見しようと多くの研究が試みられてきた。しかし、これらの研究は次に述べるような多くの理由から非難されることがしばしばある。

一．その研究結果が市場に打ち勝つのは、株式を選択するために用いられたデータが投資家が実際に銘柄選択を行うときには利用できないものだからである（別名、先読みバイアス）。

二．研究に用いられたデータベースは「整理」されており、後に倒産する企業は除外されているので、研究結果にはバイアスがかかっており、その結果は実際よりも良いものに見える（別名、生存権バイアス）。

三．データベースに記載された価格では取得できない非常に小さな企業やあまりに小さすぎてプロには取得できない企業が研究には含まれている。

四．取引費用を差し引いたあとでは市場平均を大幅に下回る結果しか出すことができない。

五．どうかすると市場よりも「リスクの大きい」株式を選択するので、業績が良いだけである。

六．その銘柄選択の戦略は、機能する戦略が見つかるまで多くのさまざまな銘柄選択の戦略をバックテストした結果にすぎない（別名、データマイニング）。

七．市場を打ち勝つために用いられた銘柄選択の戦略には、以前に「市場に打ち勝った」研究成果から得られる知識が含まれているが、それは株式を取得するときには利用できないものである。

幸運にも、魔法の公式の研究にはこれらの問題はひとつもないようである。用いられたデータベースは、「Point in Time」と呼ばれるスタンダード・アンド・プアーズのコンピュスタットから新たに発表されたものである。このデータベースには正確な情報が取り込まれており、コンピュスタットの顧客であれば検証の対象となった期間のいかなる日の情報でも取得することができる。このデータベースは一七年前までさかのぼるものであり、魔法の公式の検証にはこの期間が充てられている。この特別なデータベースを利用することによってのみ、確実に先読みバイアスや生存権のバイアスがかからないようにすることが可能である。

さらに、魔法の公式は小型株や大型株の双方に応用でき、市場平均を大幅に上回る収益をもたらし、さらにはどのようにリスクを測定しようとも市場全体よりもかなり低いリスクでそのような収益を上げるのである。結果として、規模の小ささ、高い取引費用や副次的なリスクが魔法の公式がもたらす結果の正当性を疑うための合理的な根拠とはなりそうにない。データマイニングや銘柄を選択する時点では利用できない学術研究を用いるという問題も生じない。実際に魔法の公式の研究に用いられた二つの要素は検証した最初の二つである。資本収益率（return on capital）が高いことと同時に利回りが高いことが、魔法の公式の検証を行う前に、企業を分析するに当たって最も重要であると判断した二つの要素である。要するに、その単純明快さとお決まりの反論にもかかわらず、魔法の公式は機能するようである。市場に打ち勝つためにこれまで行われた調査のうち最も優れたものの幾つかで用いられている非常に洗練された戦略と比較しても、魔法の公式は十分に機能する。

しかし、ある意味では魔法の公式に基づく戦略が成功することは驚くべきことではない。市場に打ち勝つための単純な方法はかなり以前からよく知られている。企業価値を重視した戦略がより長い期間にわたって市場に打ち勝つことは長年にわたる多くの研究で確認されている。幾つかの異なる企業価値の測定方法が機能することは証明されているのである。それらは、これに限られたことではないが、ＰＢＲ（株価純資産倍率）の低さ、ＰＥＲ（株価収益率）、株価キャッシュフロー倍率（ＰＣＦＲ）、株価売上高倍率（ＰＳＲ）または株価配当比率などに基づいて株式を選択する戦略である。魔法の公式の検証で得られた結果と同様に、これらの単純なバリュー戦略は常に機能するわけではない。しかし、より長い期間をもって測定すると、それらの戦略は機能するのである。これらの戦略は何年にもわたり定評があるものであるが、ほとんどの個人やプロの投資家にはそれらを用いるだけの忍耐力がない。市場平均を下回る結果が長く続けば、彼らがそれを利用するのは難しく、また一部のプロの投資家にとっては現実的ではないのである。

これらの単純な方法のもうひとつの問題点は、それらは十分に機能するけれども、大型株よりも中・小型株でのほうがはるかにうまく機能するということである。これもまた、驚くべきことではない。規模が小さすぎてプロの投資家には取得できない、またはアナリストが調査することを正当化するだけの十分な手数料収入を生み出すほど大きくない企業は無視されるか誤解されている傾向が強いからである。結果として、中・小型株では割安な銘柄を見つける機会がある可能性が高いのである。ちなみに、魔法の公式の検証では、小型株が最も良い業績を残している。

しかし、この優れた業績を必ずしも小型株による効果に帰することはできない。なぜなら、検証した期間において小型株がそれと認め得るほどに大型株を上回る業績を上げていないからである。検証した銘柄を一七年の検証対象期間における時価総額に基づいて一〇等分すると、時価総額の小さいほうから上位一〇％の株式は一二・一％の収益をもたらし、一方で大きいほうから上位一〇％の株式は一一・九％の収益をもたらしている。その次の一〇％も同様に近い結果であり、小さいほうでは一二・二％、大きいほうでは一一・九％である。

しかし、小型株が大型株を上回る結果を残すかどうかという問題自体が当面の問題と特段関連性があるわけではない。小型株の分野では割安な株式（ついでに言えば、割高な株式）を見つける機会がより多いことは明らかなようであり、それは選択の対象となる株式が小型株のほうが多いということと、小型株のほうが安易な分析が行われる傾向が強く、その結果として小型株では適正な価格が付いていない可能性が高いということの双方に起因するのである。ある意味では、ＰＢＲによる選別や魔法の公式がこのような小型株の中から割安な株式を見つけるのはより容易なことであるということである。

しかし、魔法の公式が、それが簡単なものであろうが洗練されたものであろうが、過去に行われた市場に打ち勝つための研究と異なる点は、時価総額が一〇億ドル以上の大型株についても魔法の公式は信じられないほど、着実な結果をもたらすことである。ほかの方法が同じような結果をもたらすことはない。例えば、最も広く用いられているバリュー株や成長株を見つけるための指標であるPBRは、われわれが検証した期間においてそれらの大型株のうち勝者と敗者をはっきりと識別することができなかった。PBRが最も低い一〇％の銘柄は、それが最も高い一〇％の銘柄を年に二％上回っただけであるのに対し、PBRが最も低い一〇％の銘柄の収益率が一三・七二％であるのに対し（つまり、PBRが最も高い一〇％の銘柄の収益率は一一・五一％。なお、この選択対象とした大型株の市場平均は一一・六四％であった）。

相対的に魔法の公式のほうが良い結果を残している。魔法の公式が最も高くランク付けした上位一〇％（最も割安な一〇％）の銘柄は最も低くランク付けした一〇％（最も割高な一〇％）の銘柄を検証した一七年間において平均して年に一四％以上上回る結果となった。時価総額が一〇億ドルを超える銘柄の平均収益率が一一・六四％である一方、魔法の公式が選択した上位一〇％の収益率は一八・八八％、最下位の一〇％が四・六六％であった。実際にこれは驚くべきことではない。資産の取得原価に比して株価が低いことはその株式が安いことを示すものではあるが、株価や資産の取得原価に比して利益額が多いということはその株式が安いことをより直接的に示すものであり、より良く機能するはずである。もちろん、これら二つの要因は魔法の公式の研究で用いられているものである。

最近行われた研究で最も重要なもののひとつがシカゴ大学のジョセフ・ピオトロスキーによって行われた研究（J・ピオトロスキー著『バリュー・インベスティング――ザ・ユース・オブ・ヒストリカル・フィナンシャル・ステートメンツ・トゥ・セパレイト・ウィナーズ・フローム・ルーザーズ（Value Investing: The Use of Histrical Financial Statements to Separate Winners from Losers）』、ジャーナル・オブ・アカウンティング・リサーチ二〇〇〇年三八号付録）であるが、そこではPBRによる分析をもう一歩進化させている。ピオトロスキーは、PBRの低い銘柄は概して市場に打ち勝っているが、その戦略に基づいて選択された銘柄の半分以下しか実際には市場を上回る業績を残していないことに気づいた。ピオトロスキーは、単純で使いやすい会計上のマトリックスを利用することで、一般的なPBR戦略がもたらす結果を向上させることができるのではないかと考えたのである。ピオトロスキーは財務状態の健全性を測る九つの異なる指標を用いてPRBの低い上位二〇%の銘柄をランク付けした。九つの指標には、収益性、運転率や貸借対照表の健全さなどが含まれる。二一年間を対象とした研究の結果は素晴らしいものであったが、ひとつだけ例外があった。

大型株についてはまったく機能しなかったのである。時価総額（魔法の公式の研究では、時価総額およそ七億ドル以上の銘柄に相当する）上位三分の一に入る銘柄に関して、ピオトロスキーの九つの段階評価で最も高くランク付けされた銘柄がPBRの低い銘柄の平均を大幅に上回る結果を残すことはなかったのである（ピオトロスキーが「最も低く」ランク付けした大型株はPBRが低いほかの銘柄に比べて悪い結果しか残さなかったが、彼のランク付けシステムが低くランク付けした銘柄は二一年間で三四銘柄しかなかった）。しかし、これも驚くべきことではない。既述のとおり、適正な価格付けがされていない銘柄を見つけるには中・小型株のほうが容易なのである。

しかし、市場に打ち勝つことのできる戦略が大型株については比較的機能しないということは例外的なことではない。非常に洗練された戦略でさえ、一般には優れた結果を示している一方で、比較的簡単な魔法の公式が大型株の分野で示したほどの結果を残すことはない（もしくは小型株の分野）。例えば、今日までに行われた洗練されたファクターモデルについての研究のうち最も優れたものの幾つかはロバート・ホーゲンならびにナーディン・ベイカー（R・ホーゲン、N・ベイカー著『コモナリティ・イン・ザ・デタミナンツ・オブ・エクスペクティド・ストック・リターン（Cmmonality in the Determinants of Expected Stock Returns）』、ジャーナル・オブ・フィナンシャル・エコノミクス一九九六年夏号）によって完成されている。実際にホーゲン教授は、この画期的な論文で成し遂げた素晴らしい業績に基づいて投資顧問業を始めている。

ホーゲンは元来、魔法の公式戦略で用いられている二つの要素ではなく、将来株価がどう動くかを予測するのに役立つと思われる七一の要素を用いた洗練されたモデルを開発した。これら七一の要素は、「リスク、流動性、財政構造、収益性、過去の株価やアナリストの予測」に基づいて株式を評価する。複雑にウエート付けされたこれらの異なるすべての要素に基づいて、ホーゲンのモデルは各銘柄の将来の収益率を予測するのである。ホーゲンのモデルによって評価された三〇〇〇強の銘柄の「期待収益率」の履歴は彼のウエブサイトに掲載されているが、これは一九九四年二月から二〇〇四年一一月までの期間を対象としている。われわれはホーゲンのモデルが二〇〇四年の価値で時価総額が一〇億ドルを超える大型株に対しても機能するかどうかを調査することにした。

ホーゲンのモデルは機能したのである。結果はかなり素晴らしいものであった。この一〇年強の期間において、検証した大型株全体の平均収益率は九・三八％であったが、ホーゲンの七一の要素を用いたモデルによって最高位にランク付けされた上位一〇％の銘柄を取得した場合の収益率は二二・九八％であった。一方、最低位にランク付けされた下位一〇％の銘柄は実に六・九一％の損失であった。つまり、最高位と最低位との差がおよそ三〇％にもなるということである。これは株式を一カ月間だけ保有し、毎月末に再度ランク付するという仮定のもとの結果である。もちろん、これらの結果は素晴らしいものであるが、魔法の公式はさらに優れた結果を出すのである。

同じ一〇年強の期間において、魔法の公式の二要素モデルによって最高位にランク付けされた上位一〇％の銘柄は二四・二五％の収益を上げた。一方、最低位にランク付けされた下位一〇％の銘柄は七・九一％の損失であった。つまり、最高位と最低位との差がおよそ三二％にもなるということである。魔法の公式戦略から得られた結果は、ホーゲンが用いた七一要素のモデルから得られた結果よりもいくらか良く、また容易に達成しやすいけれども、どちらの方法による業績も素晴らしくまた互いにまったくひけを取らない。しかし、困ったことがある。投資をするに当たり、株式を取得し、それを一カ月間だけ保有するという人々はほとんどいない（また、そうすべきでもない）。膨大な時間、取引費用や付随する税金の支払いが発生するだけでなく、このような方法は本質的にトレーディング戦略であり、現実的な長期投資戦略ではない。それでは、われわれの検証方法を変え、各ポートフォリオを一年間保有するようにしたらどうだろうか（一〇年間毎月ポートフォリオを組み替え、各ポートフォリオを一年間保有した。つまり、それぞれの戦略につき一二〇以上の異なるポートフォリオを検証したことになる）。

実際に、非常に面白いことが起こる。ホーゲンの七一要素モデルはそれでもよく機能する。最高位にランク付けされた上位一〇％の銘柄は一二・五五％（市場平均は九・三八％）、最低位にランク付けされた下位一〇％の銘柄は六・九二％の収益を上げたのである。最高位と最低位の差は五・六三％まで縮小している。一カ月で検証した場合の結果を知らなかったとしたら、これもかなり良い結果と思えるだろう。しかし、魔法の公式についてはどうだろうか。

最高位にランク付けされた上位一〇%の銘柄は一八・四三%、最低位にランク付けされた下位一〇%の銘柄は一・四九%の収益率で、最高位と最低位の差額はおよそ一七%となる。読者がこれをどう思おうがかなり良い結果である。もうひとつ面白いことがある。ホーゲンの戦略に従った一〇余年間で三六カ月ごとに検証したうち、最も収益率が低かったのは年利四三・一%のマイナスであったのに対し、同様に魔法の公式に従った場合、最も収益率が低かったのは一四・三%のプラスであった。それだけではない。魔法の公式で用いられる要素はホーゲンのそれよりも六九も少なく、数学もはるかに少ない(ホーゲン教授は、彼が最高位にランク付けした一〇%の銘柄をひとつのポートフォリオに組み込むこともそれらの株式を一年間保有することも提案していない。また、理論上「上位一〇%」に選択された銘柄群の収益率が最も低かった三六カ月間での損失は、同じ期間における市場全体の損失と同じであった。本書で述べられている統計は、時価総額が一〇億ドル以上の銘柄のうち、ホーゲンの研究と魔法の公式の研究双方に含まれている銘柄だけを利用し、魔法の公式に基づくポートフォリオとの比較のためだけにまとめたものである)。

つまり、要点はこうである。魔法の公式は非常に良い結果をもたらすようである。そして将来も良い結果を出し続けるであろうし、私はそうあってほしいと思う。また、マーク・トウェインが適切にもゴルフを「せっかくの散歩が台無しだ」と呼んだように、おそらくいつの日か、ランダムウォークも台無しになったと考えられることと期待している（よく考えてみると、私は何をバカなことを言っているのだろうか。ランダムウォークが永遠に存続することを私は期待している）。

■著者紹介

ジョエル・グリーンブラット（Joel Greenblatt）

個個人パートナーシップの投資会社であるゴッサム・キャピタル社の創設者。グリーンブラットはペンシルベニア大学ウォートン校でMBA（経営学修士）を、また同大学でBS（理学士）を修得している。事務所はニューヨークのマンハッタン、住まいはロングアイランドである。著書に『グリーンブラット投資法――M＆A、企業分割、倒 産、リストラは宝の山』（パンローリング）がある。

■訳者紹介

藤原玄（ふじわら・げん）

1977年生まれ。慶應義塾大学経済学部卒業。情報提供会社、米国の投資顧問会社在日連絡員を経て、現在、独立系投資会社に勤務。業務のかたわら、投資をはじめとするさまざまな分野の翻訳を手掛けている。訳書に『なぜ利益を上げている企業への投資が失敗するのか』（パンローリング）などがある。

2006年7月3日　初版第1刷発行
2006年8月1日　第2刷発行
2018年9月2日　第3刷発行

ウィザードブックシリーズ⑩⑤

株《かぶ》デビューする前《まえ》に知《し》っておくべき「魔法《まほう》の公式《こうしき》」

ハラハラドキドキが嫌いな小心者のための投資入門

著　者　ジョエル・グリーンブラット
訳　者　藤原玄
発行者　後藤康徳
発行所　パンローリング株式会社
〒160-0023　東京都新宿区西新宿7-21-3-1001
TEL 03-5386-7391　FAX 03-5386-7393
http://www.panrolling.com/
E-mail　info@panrolling.com
編　集　エフ・ジー・アイ（Factory of Gnomic Three Monkey Investmant）合資会社
装　丁　パンローリング株式会社　装丁室
組　版　大橋幸二
印刷·製本　株式会社シナノ

ISBN4-7759-7071-2
落丁・乱丁本はお取り替えします。

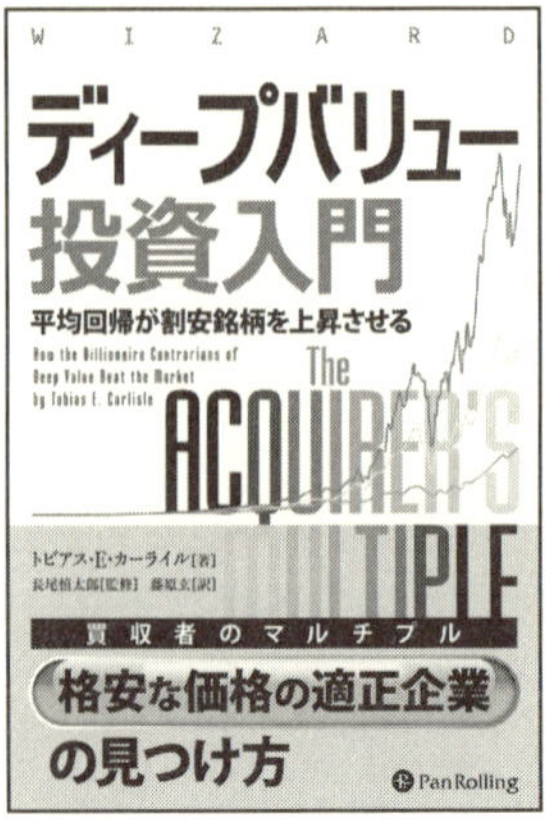

ウィザードブックシリーズ 268

ディープバリュー投資入門
平均回帰が割安銘柄を上昇させる

トビアス・E・カーライル【著】

定価 本体2,200円+税　ISBN:9784775972366

「格安な価格の適正企業」の見つけ方 バフェットも魔法の公式も打ち負かす買収者のマルチプル！

安い価格の株を手にする唯一の方法は大衆が売りたいと思ったときに買い、大衆が買いたいと思ったときに売ることである。つまり、下落余地は少なく、上昇余地は大きいということだ。万が一、間違っていたとしても、大きな損は被らない。

ただ、割安銘柄には割安なりの理由もある――「業績が悪そうだ」と。しかし、なぜ業績が悪い割安銘柄を買えば儲かるのか。それは、市場には平均回帰と呼ばれる強力な力が作用しているからである。平均回帰が割安銘柄を上昇させる。そして、割高銘柄を下落させるのだ。優秀なディープバリュー投資家たちはこのことを理解している一方、大衆はトレンドが永遠に続くと考える傾向にある。

本書では、バフェットやグリーンブラットの「魔法の公式」のパフォーマンスを上回る「格安な価格の適正企業」（買収者のマルチプル）の見つけ方を平易な言葉で説明していく。ビジネスに関する正規の教育を受けていない者でも、投資におけるバリューアプローチが理解でき、読後、5分後にはそれを利用できるようになるだろう。

また、本書は数時間で読めるようにコンパクトにまとめている。本書にはたくさんの表や図が出てくるが、それは大衆に向かす（反対のことをする）ことがなぜ重要かを説明するためである。どうして「格安な価格の適正企業」が市場やバフェットやグリーンブラットの「魔法の公式」に打ち勝つのか、それをじっくりと学んでほしい。

目次

ウィザードブックシリーズ 220

バリュー投資アイデアマニュアル
得意分野を見極めるための戦略の宝庫

ジョン・ミハルジェビック【著】

定価 本体2,800円+税　ISBN:9784775971888

「あなたの性格に合ったバリュー投資法」を探せ！ プチバフェットになるための金鉱を掘り当てる！

本書は、この素晴らしいニュースレターをすべての投資家が体験できる機会であり、バリュー投資の最高のアイデアを探し、分析し、導入するための実績ある枠組みを提供している。100人以上のトップファンドマネジャーのインタビューに基づいた本書は、知恵の宝庫であり、ウォーレン・バフェット、グレン・グリーンバーグ、ジョエル・グリーンブラットといったスーパーバリュー投資家の思考の過程も垣間見ることができる。

本書のテーマである素晴らしいアイデアは、投資の活力の元である。これを読んで、利益につながる新しい独自のバリュー投資のアイデアを生み出す方法を学んでほしい。

ウィザードブックシリーズ 247

ハーバード流ケースメソッドで学ぶ バリュー投資

エドガー・ヴァヘンハイム三世【著】

定価 本体3,800円+税　ISBN:9784775972182

バフェットに並ぶ巨人（ウォール街最高の知恵）の手法が明らかに！ 成功するための戦略と分析と決断と感情

バリュー投資の巨人が、資金を守り、そして増やすために、実際の現場で用いられた投資手法や投資戦略を直接伝授してくれる。バリュー投資家として成功するために、筆者が実際に用いる25の戦略と回避すべき落とし穴とが明らかにされている。本書でつづられている一連の知恵を目の当たりにすれば、経験豊富な投資家が日ごろ取り組んでいることが明らかとなるし、それは読者自身の投資戦略を改善させることになるであろう。

ウィザードブックシリーズ 260

とびきり良い会社をほどよい価格で買う方法

チャーリー・ティエン【著】

定価 本体2,800円+税　ISBN:9784775972304

投資の達人と同じように投資できる！ グルの投資手法をまねる！

バリュー投資で名高いウォーレン・バフェットは、「私はほどよい会社をとびきり安く買うよりも、とびきり良い会社をほどよい価格で買いたい」と事あるごとに言っている。バフェットに巨万の富をもたらしたのは、この単純明快な経験則だった。そして、これは今や優れたバリュー投資法として世に知られている。この種の投資戦略で富を築くための重要なカギは、株価と企業の質を正確に測ることだ。本書はその両方を1冊で解決する情報源である。

ウィザードブックシリーズ 230

勘違いエリートが真のバリュー投資家になるまでの物語

ガイ・スピア【著】

定価 本体2,200円+税　ISBN:9784775971994

バフェットとのランチ権を65万ドルで買った男！ まるで本書は「バフェットへのラブレター」だ！

本書は、生意気で自己中心的だった若い銀行家が驚くべき変身を遂げて、自分のルールで運用するヘッジファンドマネジャーとして大成功を収めるまでの記録である。

彼は内省と、一流投資家たちとの友情と、彼にとってのヒーローであるウォーレン・バフェットとのチャリティー昼食会（65万0100ドルで落札した）を通じて進化を遂げていった。

この物語には、投資やビジネスや大金がかかった判断に関することについて多くの驚くような洞察があふれている。